淮安运河村战国墓木雕鼓车保护与修复报告

淮安市博物馆　编著

文物出版社

责任编辑　冯冬梅
封面设计　周小玮
　　　　　宋文敬
责任印制　陈　杰

图书在版编目（CIP）数据

淮安运河村战国墓木雕鼓车保护与修复报告/淮安市
博物馆编著. —北京：文物出版社，2014.12
　　ISBN 978-7-5010-4179-4

　　Ⅰ．①淮… Ⅱ．①淮… Ⅲ．①战国墓－古代交通工
具－器物修复－研究报告－淮安市②战国墓－古代交通工
具－文物保护－研究报告－淮安市 Ⅳ．①K878.94

　　中国版本图书馆CIP数据核字(2014)第281239号

淮安运河村战国墓木雕鼓车保护与修复报告

编　　著　淮安市博物馆
出版发行　文物出版社
地　　址　北京市东直门内北小街2号楼
邮政编码　100007
网　　址　www.wenwu.com
邮　　箱　web@wenwu.com
制版印刷　北京燕泰美术制版印刷有限责任公司
经　　销　新华书店
开　　本　889×1194　　1/16
印　　张　7.25
版　　次　2014年12月第1版
印　　次　2014年12月第1次印刷
书　　号　ISBN 978-7-5010-4179-4
定　　价　160.00元

《淮安运河村战国墓木雕鼓车保护与修复报告》编辑委员会

主　　任：杨　斌

副 主 任：李　倩

顾　　问：奚三彩

主　　编：孙玉军

副 主 编：王　剑　陈永贤　朱宏亮　王卫清　严　斌　董　记

执行主编：尹增淮　王厚宇　赵海涛

执　　笔：尹增淮　赵海涛

编　　委：韦　清　胡　兵　张春宇　刘振永　谢　伟　李艳梅

　　　　　王　伟　吴　雪　蒋炅宇　单士鹛　戴姝黎　刘光亮

　　　　　祁小东　孙大为　郝士伯　宋文敬　李　宁

目　录

前　言 ·· 1

一　墓葬和木雕鼓车出土概况 ································· 3

　　1.1　墓葬地理位置与形制 ······················· 3

　　1.2　车室结构和鼓车出土情况 ··············· 4

　　1.3　鼓车构件的起取与前期保护 ··········· 5

二　出土木雕鼓车的意义和价值评估 ················ 8

　　2.1　是研究古代车制的重要实物资料 ······ 8

　　2.2　是研究古代美术史和雕塑史的重要资料 ····· 9

　　2.3　在研究古代科技史和工艺史上有重大价值 ····· 10

　　2.4　该车为首次发现，填补了木雕鼓车出土的空白 ····· 10

　　2.5　在考古学和地方史研究中的价值 ····· 11

　　2.6　整套部件定为国家一级文物 ··········· 11

三　科研立项与保护修复方案 ······················ 13

　　3.1　科研立项 ··································· 13

　　3.2　保护修复方案 ····························· 14

四　马车木构件的脱水保护与研究 ·············· 20

　　4.1　分析木质构件的特点 ····················· 20

　　4.2　保护处理 ··································· 25

五　木雕鼓车的复原研究 ··························· 27

　　5.1　复原研究的前期工作 ····················· 27

　　5.2　鼓车主要构件的实测和考证 ··········· 29

　　5.3　鼓车的复原和组装 ························· 39

5.4　鼓车复原的意义和收获 ·· 41

六　木雕鼓车的模拟复制 ··· 43

　　6.1　模拟复制方案的制订和论证 ·· 44

　　6.2　木质车舆构件是模拟复制的实物依据 ································· 45

　　6.3　木雕鼓车木质构件的模拟复制 ·· 46

　　6.4　木雕装饰板和木雕构件的模拟复制 ····································· 49

　　6.5　青铜车器的模拟复制 ·· 50

　　6.6　组装和总装 ··· 51

　　6.7　髹漆和漆绘 ··· 52

　　6.8　模拟复制取得的学术成果 ··· 53

七　木雕鼓车主体构件的修复 ··· 56

　　7.1　车轮的修复 ··· 57

　　7.2　轴和伏兔的修复 ··· 61

　　7.3　辋的修复 ·· 63

　　7.4　衡的修复 ·· 65

　　7.5　舆底的修复 ··· 65

　　7.6　舆栏的修复 ··· 68

　　7.7　木雕装饰板的修复 ··· 69

　　7.8　小方木板的修复 ··· 74

　　7.9　漆绘藤条的补配 ··· 74

　　7.10　建鼓的修复 ··· 74

八　组装复原与后续保护 ··· 78

　　8.1　小单元的组合 ·· 78

　　8.2　大组合的五个步骤 ··· 81

6

8.3 后续保护 ································ 82

九　木雕鼓车保护与修复的几点体会 ································ 86

附　录
附录一　淮安运河村战国墓木雕鼓车出土构件统计表 ················ 90
附录二　淮安运河村战国墓木雕鼓车树种检测 ···················· 92
附录三　南京林业大学木材工业学院木材鉴定报告 ·················· 99
附录四　淮安运河村战国墓出土鼓车髹漆鉴定结果 ················· 105

编后记 ································ 106

前　言

　　2004年7～9月，淮安市博物馆在清浦区运河村发掘一座大型竖穴土坑木椁墓，是迄今江苏地区出土的规模最大、结构最为奇特的战国贵族墓葬。此墓因早期被盗，主椁室与外藏椁随葬的青铜礼乐器、容器等珍贵器物被洗劫一空，尚余各类器物130多件，可定为国家珍贵文物的26件。其中以一辆实用木质马车为国内考古罕见，弥足珍贵，该车大多数木质构件纹饰清晰，轮、轴、辋、衡、轸、辁、厢板、建鼓等主要部件保存较好，且有一定数量的青铜饰件、骨雕饰件、漆绘饰件，大部分车厢板都雕刻着精美的蟠螭纹与云纹图案，从整体形制看，此车装饰华丽，制作精良，表明了墓主人有显赫的地位，是战国时期贵族阶层礼仪身份的象征。根据车舆木雕装饰板与建鼓组合的特征，将这辆木质马车命名为"木雕鼓车"。马车惊现后，引起了国内考古界的广泛关注，专家们对木雕鼓车的历史、艺术、科学价值给予了高度的评价。著名学者、中国国家博物馆研究员孙机先生极为赞赏，他说："我研究了几十年古代车子，像淮安运河村出土马车的花纹和雕刻这样精美，我从来没有见到的，绝无仅有。这辆木质马车是实用战车。"

　　面对着这辆罕见的古代马车遗珍，我们的心情充满着喜悦，同时，我们又深感责任重大。这辆木雕鼓车埋藏地下2000多年，木质纤维结构已变得十分脆弱，因遭遇盗掘和挤压，大部分构件受到不同程度的破损与断裂。如何将这批构件脱水加固？如何修补成形？又如何组装复原？诸多疑难问题摆在我们的面前。从木雕鼓车出土之日起，我们就对每个构件倍加关爱，精心呵护。为了使这辆破散的马车得到尽快的保护与修复，我馆随即成立了以孙玉军馆长为组长的科研小组。在国家文物局、江苏省文物局及淮安市文物局的全力支持下，我们先将马车复原研究申报列入2005～2006年度江苏省文物科研课题，随后又将该车的保护与修复列入国家重点文物保护项目，并得到了专项经费的资助，使运河村木雕鼓车的保护与修复进入议事日程，纳入科学研究的正轨。

　　马车保护与修复的首要工作就是尽快地对出土木质构件进行脱水处理，否则，饱水的古木器就会收缩变形，而后的修配与复原工作也就无法实施。在南京博物院文物保护科学技术研究所漆木器保护专家的精心操作下，木雕鼓车所有的木质构件奇迹般地"存活"下来，成功地解决了脱水、加固、定型等技术问题，木质变得坚硬，可以长期保存。这是将现代科技手段引入到文物保护中的成功范例，为我们修复与复原木雕鼓车提供了实物保证。

在木质构件送交南京博物院脱水加固的同时，我馆组织业务精锐，艰苦细致地开展木雕鼓车的复原研究工作，为该车的模拟复制、构件修复、组装复原寻找理论依据。我们的研究工作始终建立在实事求是的治学态度上，在考古发掘的基础上，依据出土实物进行实践和探索。在近三年的时间里，我们查阅了大量的考古资料与典籍文献，绘出马车构件的零件图、模拟复制图、组装复原图上百幅。为了学习其他文博单位的先进经验，借鉴他们的复原成果，我们两度赴陕西、河南、甘肃、山东等地考察，与有关专家学者进行了座谈和交流。返回后再结合运河村木雕鼓车具体的形制与结构特点，研究和制定复原方案。并将研究成果在国家级刊物《考古》、《中国典籍与文化》、《文博》等杂志上发表，广泛征求意见，使复原方案逐步趋于完善和成熟。2007年，该车的复原研究课题通过验收，得到了国内著名古车研究专家和文物保护专家的认可。在复原研究的基础上，我们全面制定了《淮安运河村战国墓木雕鼓车的保护修复方案》，尔后的模拟复制、构件修复、组装复原皆依照该方案逐一进行。

又历时三年，我们先后完成了木雕鼓车的模拟复制、构件修复、组装复原三项任务。这三项任务的实施过程是"实验考古学"一个系统而周密的研究过程。

在模拟复制方面，以出土原物为样本，尽量采用原制作工艺，木质选取同等材料，纹饰照原样雕刻，构件的尺寸和大小也完全忠实于原车实物，最后依据复原结构图，成功模拟复制了一辆雕刻精美、漆彩艳丽的木雕鼓车，并通过了国家文物局及江苏省文物局组织的专家验收。通过模拟复制，加深了对木雕鼓车的理解和认识，为做好下一步原部件的保护和修复奠定了基础。

在构件修复方面，在确保文物安全、修复质量的前提下，尽量采用物理方法，选用的材料和工艺都具备可逆性和最小干预性。严格做好破损构件的整形、拼合、补配、粘接及单元部件组装工作。灵活运用"可识别性"与"修旧如旧"的修复技法，使轮、轴、辀、軎、辐、木雕厢板、建鼓等主要部件得到比较理想的复原，为木雕鼓车的原件组装提供了必要的条件。

在组装复原方面，根据模拟复制所取得的研究成果，将修复完备的马车构件逐一对号入座。先分门别类地进行部位小组合，然后再分五个步骤，把不同层位的部件进行自下而上、由内向外的整体大组合，最终使这辆古老的木雕鼓车成功地组装起来。它以凝重古雅的历史风貌展示在观众面前，彰显出淮安在战国时代的强盛与辉煌。这辆木雕鼓车的复原成功，为淮安市博物馆增添了新的镇馆之宝。

为了进一步完善木雕鼓车保护与修复的相关资料，以利于后续保护、研究和宣传，我馆编撰了这本《淮安运河村战国墓木雕鼓车保护与修复报告》。本书共分九个章节，详细记述了从木雕鼓车出土发掘到保护与修复的全部过程，其中附以图表，并将复原研究成果收录在册。我们希望该报告的出版能为古代马车的保护修复与复原研究提供一份可以借鉴的参考资料。

一　墓葬和木雕鼓车出土概况

1.1 墓葬地理位置与形制

运河村战国墓位于淮安市区京杭大运河北岸，隶属清浦区清安乡运河村。这里是中国历史上著名军事家韩信的故里，附近有韩信城、韩母墓、漂母墓等名胜古迹。其西南方是秦汉淮阴故城遗址，古淮河和古泗水于此交汇，自古就是南北交通之要道，是联结江南及中原的文化走廊地带。其正南方3公里处是淮阴高庄战国墓的发现地，出土了170余件青铜器等重要文物，尤其一套大型蛟龙形车舆铜饰举世罕见。此外，还有原始瓷器、几何印纹硬陶器等重要文物。这里历史悠久、人文荟萃，有着丰厚的文化底蕴，历史遗存丰富。附近有武墩、普墩、七里墩、清水墩、泰山墩等高大封土墩，而此墓就是其中的一座。（图一）查阅清咸丰《清河县志·图说》，此墩称为"龚家墩"，当地人称为"公公墩"。1959年，因开挖京杭大运河新航道，该墩被运河北堤所掩埋。2004年7月7日，京杭运河两淮段整治工程项目部在航道整治施工中发现了该墓。经报国家文物局批准，淮安市博物馆在南京博物院的指导下，对其进行了抢救性的考古发掘。经发掘显示，该墓系"甲"字形大墓，由墓道和墓坑组成。墓道东向，墓坑内有巨木构建的木椁、附葬棺、车马坑和附葬坑。木椁系三重椁，内有主棺和殉人11具。附葬棺在木椁之西，和主棺形制一样，均用整木刳挖而成的独木棺具。根据墓葬的形制结构

图一　运河村战国墓位置图

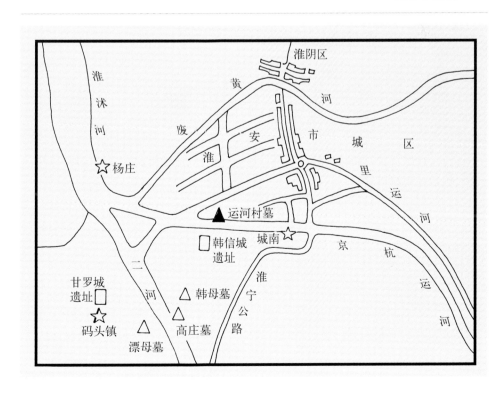

图二　运河村战国墓发掘场景

图三　外藏椁东室随葬的木雕鼓车

与陪葬器物考证，墓主人身份应在大夫之列。（图二）

1.2　车室结构和鼓车出土情况

车室附在木椁之南，紧靠木椁南壁外侧，用木材构建，是一座边长约3.6米的正方形木椁。车坑底先平铺一层南北向木板，然后用横截面16厘米×16厘米的方材沿东、南、西三壁构建，北壁利用墓葬木椁南壁，构成外藏椁结构。椁内有南北向木质隔梁，分为东西两室。西室为储藏室，长3.6、宽1.4米，内有殉人2具和杀殉的动物，此外，还有夹砂红陶鬲、红陶罐等器物。车室在东，长3.6、宽2.2米，内有车舆1辆、殉人2具，其中一具男性应是御奴，还有车舆铜饰件、灰陶豆等器物。车舆南北向摆放，车辀北向。一具殉人在车前，一具殉人在车尾，车前者有匣形木棺葬具，为女性殉奴。（图三）坑底铺有碎木屑层，内有金箔、漆皮等遗物，坑内车器上有竹席之残迹，推测是葬车时用竹席覆盖之故。从葬式来看，该坑是采取车马坑的形式。但此车马坑已分车坑和马坑，而不同于商周时的车马合葬一坑的形式。从资料来看，这种车马分葬的形式是春秋时期才有，曾广泛分布于中原及齐楚各地。从葬俗来看，该车是将铜器拆下然后将车下葬，应是当时流行的拆车葬俗。这种拆车葬在春秋战国时期常见，广泛流行于中原各地。从殉人来看，该墓共殉11人，这种落后的殉人现象已为中原各国所不见，反映的是淮夷遗民在战国时期仍保持着一种落后的奴隶制残余。

运河村古墓埋藏深约8米，在运河航道升级改造工程中，外藏椁遭到破坏，其木椁顶部被挖掘殆尽，车坑内部分建鼓残片被取出。所幸的是，文物考古人员发现较早，随葬的木雕鼓车才幸免于难。

根据出土情况分析，该车是先将青铜軎辖等车舆铜饰取下，集中随车下葬，然后将车舆放入车坑。车坑东西2.2、南北3.6米，车舆是正南北摆放，车辀北向，但在车体倒塌时，使车舆的主体部分大大超过了车轴一线，向车坑的东北方向偏移，如此大的偏移可能有两个因素，其一是车舆下葬时因其自身呈前低后高的原因，向前倾倒是必然趋势。此外，早期盗扰也是重要因素。盗墓者从主墓室南壁盗洞进入车坑，自北向南扰乱必然造成车舆构件北移。因此，车舆的左车轮、车厢板等大幅度地向北移动，而右车轮、轸、轴、辀等仍在原处。幸在扰乱和移动过程中，车舆构件并没受到大的破坏，虽经2000多年的腐蚀，大多数木质构件都外形规整，纹饰清晰。虽然有些构件有朽烂断裂和挤压变形现象，但断口清楚，拼接起来较为容易，故能准确测定其形状与尺寸。现在，该车轮、毂、辐、轴、輓、轸、辀等木质构件基本齐全，共有木质构件29件、青铜车舆饰件37件、骨质饰件12件。（详见附录一）这是我们今天修复保护的重要内容，也是修复保护的重要基础。

1.3 鼓车构件的起取与前期保护

木雕鼓车的清理起取是运河村战国墓考古发掘的重中之重。由于马车木质构件长期深埋地下，遭受地下水（酸、碱、盐）和生物等因素的腐蚀以及车坑处于前低后高，致使车体倾倒，加上盗墓者侵扰，该车出土时呈现以下状况：

（1）木雕鼓车出土时已解体、散乱，埋藏在淤泥中。

（2）木雕鼓车的木质构件呈饱水状态，含水率高达800%以上。

（3）大多数构件已朽残、变质，其强度脆弱。

（4）有些构件被挤压变形。

（5）有些构件断裂，如左右车轮的车辐已断为100多根。

（6）有些构件已残破、缺失。

（7）漆绘构件变色、起皱并残缺。

（8）青铜饰件锈蚀严重，有的已残缺。

（9）车茵与皮革件已腐朽，仅留痕迹。

（10）构件表面雕刻纹饰被污物掩盖。

这些现状都为清理工作带来许多的困难。为了确保发掘的科学性及出土文物得到技术上的保护，我馆将发掘情况立即报告江苏省文物局，请求南京博物院考古专家与文保专家前来支援。（图四）车室全部发掘工作历时10天，分为上、中、下三层揭示。为避免踩踏损伤车舆构件，在车坑樟墙上铺舰板，车坑内的淤土一律用手清除。发掘期间正值夏季，为了避免烈日的照晒，在发掘现场搭起遮阳网，重要的部位还支撑太阳伞遮阴保湿。每天利用早、晚凉爽时分进行发掘。

6

图四 南京博物院文保专家指导发掘木雕鼓车

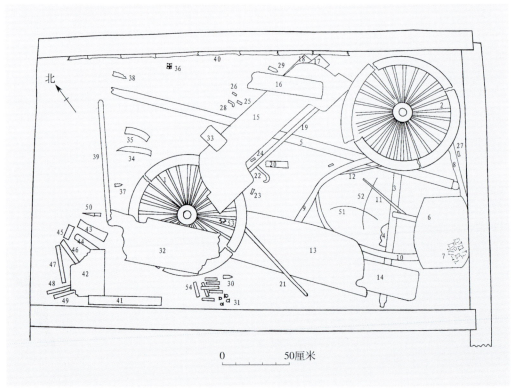

1、2.车轮 3.轴 4.伏兔 5.辀 6.鼓 7.青铜軎辖 8～10.轸 11、12.桄 13.鼓座后隔板 14.车门装饰板 15.前軨装饰板 16、41、42.雕花车板 17、18.左右軨装饰板 19.鼓架 20～22、32、33、43、49.木质车器件 23、27.骨质饰件 28.铜钩形器 29、30.管状锥形器 31.铜铺首衔环 35.铜前軨饰 36.青铜合页 37、38.铜车饰残片 39.衡 40.竹竿 50.青铜矛首衡末 51、52.装饰藤条 53.车釭 54.铜帽形器

图五 车室木雕鼓车遗物分布图

图六　车轮构件的起取

木构件表面的泥迹不做过多的清刷，以保证漆面与纹饰的原始性。对清理完毕的木构件不时地洒水，保持一定的湿度，并用彩色塑料布掩盖封闭。起取每层构件前都必须事先做好考古绘图与摄影，翔实地记录每件构件的出土情况，仔细观察车舆构件相互之间的联系，按照器物编号起取文物。（图五）起取构件时更加小心翼翼，尽量避免在起取过程中造成构件的再次损坏。主体构件起取时用三合板衬托，并用胶带与塑料绳加以稳固，上下铺盖塑料薄膜，放置在合适的容器内，添加纯净水保湿。（图六）在室内整理阶段，首先对全部构件进行核对，再次清刷器物上的污垢，拼对构件。在进行脱水保护前，对每个成形构件进行器物绘图与摄影，为之后的保护与研究建立科学的档案资料。基于运河村战国墓考古发掘、文物保护及学术研究取得的优异成绩，2010年8月被江苏省文物局评选为"江苏省田野考古优秀成果奖"。

二　出土木雕鼓车的意义和价值评估

2.1　是研究古代车制的重要实物资料

中国古代车制一直是我国考古学界的重要课题，早在20世纪30年代，我国已故著名科技史专家王振铎先生就曾对文献记载的指南车、击里鼓车进行复原研究。对考古出土的马车复原起步也较早，约在20世纪中叶，台湾学者石璋如先生就对安阳殷墟小屯M40出土的马车做了复原研究。后来，杨宝成先生复原的安阳郭家庄商代车，张长寿、张孝光先生复原的河南浚县西周车，夏鼐先生指导复原的河南辉县战国车，都取得一定成就。此外，李森先生复原的滕州前掌大商周车、张岱海等先生复原的临猗程村M1605车马坑的春秋车、渠川福先生复原的太原晋国赵卿墓的春秋车，亦取得出色的成就。但是，这些复原和研究都建立在车马坑的基础上，故车马坑的考古和发掘一直是研究古代车制的最基础资料。迄今为止，经考古发掘的商周车马坑约160余座，其中，殷商车马坑64座、西周至战国车马坑约100座，出土的车舆也有近千辆之多。从现有资料来看，这些车舆多出土于我国北方，相对集中于晋、陕、豫、冀、鲁地区。由于北方气候干旱等地理环境原因，这些地区出土的车舆往往保存较差，其木质构件多已朽烂，或成为有形无物的灰土，或仅余朽蚀后的空洞。虽经小心剥剔、化学加固或石膏灌注成形，也只能知其大概形状，难以得到保存较好的车舆实物资料。故而对于细部结构特征了解不多，缺少可资借鉴和对比的车舆实物资料。而淮安运河村战国墓虽只出土马车一辆，但由于其独特的密闭环境和自然地理条件，地下水位较高，易于形成厌氧环境对木质构件的保护，故车马坑保存较好。马车的轮、轴、轸、辀、辕等木质构件相对齐全，是迄今发现保存最好的车舆实物资料。（图七）其中虽有朽蚀断裂现象，但断口清晰，拼接起来较为方便，尤其是榫卯结构俱在，据此可研究古代车制，是研究古车的学者梦寐以求的实物资料。对此国家博物馆孙机、朱凤瀚、潘璐先生，中国社会科学院考古研究所张长寿先生，中国文化遗产研究院胡继高、马清林先生，陕西秦始皇兵马俑博物馆袁仲一、朱思红先生，南京博物院奚三彩先生等专家学者都曾给予高度评价，认为是近年来先秦考古的重大发现之一。

2.2 是研究古代美术史和雕塑史的重要资料

该车不仅在研究古代车制上具重要意义，亦是研究古代美术史和雕塑史的重要资料。如该车骨雕是装饰于车轮的骨质饰件。这些骨质饰件皆条形管状，截面为"冂"形，器表浮雕变形云纹，这种变形云纹和同期的玉器纹饰一样，亦有可能是由玉器纹饰移植。有的还雕成兽面纹，上有耳、鼻、眼、角等器官。一般说来，考古出土的骨雕器相当稀少，雕刻如此精美的车器的就更少见了。该车的木雕为迄今考古发掘中首次发现，其中又分圆雕、浮雕、阴线刻三种工艺。如车轴上的伏兔就是采用圆雕工艺精心制作，两只伏兔躯体呈蟠龙形，张口吐舌、曲颈扬尾，反向匍匐于车轴之上，雕刻精美、造型生动，是迄今出土的最精美的伏兔之一。（图

图七　车轮出土状况

图八　轴与伏兔出土状况

八）浮雕是指车舆上安装的木雕板，其上刻有浮雕蟠螭纹和变形云纹图案，这种蟠螭纹饰若龙若蛇、相互缠绕，以四方连续的形式展开，构成了极其精美的浮雕艺术。（图九）蟠螭纹或称龙纹、蛟龙纹，是以盘曲的龙为主要模拟对象，这种纹饰在春秋战国时期比较流行，是春秋战国时期青铜器的主题纹饰之一。但青铜器上的蟠螭纹是以印模法制作，故形体较小，繁缛精细。而木雕板上的蟠螭纹是由古代工匠手工雕刻而成，形体尺寸较大，自由奔放而又威严神秘。迄今以来，考古出土的蟠螭纹青铜器数量很多，但出土的蟠螭纹木雕板相当少见，保存如此完好的还是首次。变形云纹是云纹的组合，两排一组，或三排一组，以条带形

图九 前辁板出土
状况

式，施之于蟠螭纹四周，和蟠螭纹相互配合，形成了极其精美的浮雕图案。阴线刻主要表现在木雕装饰板的口沿上，同时在车辁立柱上也有所表现，所刻的都是变形云纹图案，这些变形云纹和浮雕云纹不同，好像是古代工匠即兴雕刻，故变化多端而不拘一格。这次出土的木雕板大多同时采用了浮雕和阴线刻两种手法，故雕工精致、逼真生动，堪称一绝，不仅保存较好，且尺寸也较大，如木雕装饰板1长142、宽44厘米。（参见图四九）此外，木雕装饰板2、木雕装饰板3等也都有较大的面积。（参见图五一、五三）这次出土如此众多的木雕板，实属先秦考古的重要发现，不仅是研究蟠螭纹起源和发展的重要资料，也是古代精美的木雕艺术品，是研究古代美术和木雕艺术的重要资料之一。

2.3 在研究古代科技史和工艺史上有重大价值

该车不仅是研究古代车制的重要标本，在研究古代科技史和工艺史中也是不可多得的实物资料。《考工记》云："一器而工聚者，车为多。"可见造车需要多种工艺。《考工记》中记载的诸多造车工艺在该车都有具体体现，从中可看出战国时期的车舆制作已达到相当的水准，如该车的轮、轴、辋、毂等主要构件都是由一根木料揉制而成，这是中国的传统工艺，亦和古籍记载相符。该车的装饰也是一大特色，其上不仅有众多雕刻精美的浮雕木板，还有一定数量的青铜、骨质、漆绘饰件，是迄今为止所出土的最豪华的精美车舆。对此，著名学者中国国家博物馆研究员孙机先生极为赞赏，他说："我研究了几十年古代车子，像淮安运河村出土马车的花纹和雕刻这样精美，我从来没有见到的，绝无仅有。这辆木质马车是实用战车。"该车集多种工艺于一身，除制车工艺外，还有木雕、骨雕、青铜铸造、髹漆漆绘、皮条捆扎、藤器加工等各种工艺，充分说明了古代手工业的高度发达，是研究古代手工业和装饰工艺的重要实物资料之一。因此，该车的保护和修复，不仅可以得到一辆装饰精美的战国马车，在研究古代科技史和装饰工艺史上亦有重要价值。

2.4 该车为首次发现，填补了木雕鼓车出土的空白

该车不仅雕刻精美，而且还有与之配套的建鼓、鼓柱、鼓座。这在先秦车马

坑中是首次发现，继而填补了鼓车出土的空白，在考古学上具有重要意义。从有关资料来说，车舆配置建鼓在考古发掘中出土很少，仅在秦始皇陵一号俑坑中发现两处。但这两处都是立鼓而不是建鼓，而且保存较差，仅有木灰和三个鼓环而已。而该车建鼓不仅有鼓身，而且还有与之配套的鼓柱、鼓座，这些木质构件俱在，只是皮革鼓面因朽烂而不存，从而说明这是一辆木雕鼓车，为下一步的保护修复提供了条件。一般说来，鼓车是礼仪之车，这在汉代画像石上有较多表现，如河南唐河画像石就有鼓车用于礼仪的图像。但鼓车更多的是用于军事，是古代战争中将帅指挥作战的信号工具，故古代交战中双方必有鼓车，击鼓是将帅的职责之一。这在典籍中有大量记述，如《左传·庄公十年》记齐鲁长勺之战"公将鼓之"；《公羊传·宣公十二年》记晋楚邲之战"庄王鼓之，晋师大败"；《左传·成公二年》记齐鲁龙之战"齐侯亲鼓"；《左传·成公二年》记晋之伐齐，郤克将中军，"流血及屦，未绝鼓音"；《左传·哀公二年》记晋郑铁之战后，主将赵鞅曰："吾伏弢流血，鼓音不衰"。故《诗·清水》郑笺："兵车之法，将在鼓下，御者在左。"因此，该车的保护和修复不仅有效保护了考古出土的木雕鼓车，也填补了先秦鼓车出土的空白。

2.5　在考古学和地方史研究中的价值

该车不仅在研究中国古代史中意义重大，在考古学和地方史中亦有价值。前已述及，该墓和1978年发掘的淮阴高庄战国墓相距不远，高庄墓随葬了大量的车舆铜饰件未被盗取。两墓又同在战国时期，文化属性一定很近，有着不可分割的密切关系。两墓都出土了相似的车舆铜饰件，互补和借鉴作用相当强烈。因此，该车的保护和修复不仅可以为淮阴高庄墓的马车复原提供参考和借鉴，也能有力推动淮安地方史、人文、文化和风俗研究，是研究淮安先秦历史文化的重要实物。

2.6　整套部件定为国家一级文物

根据上述出土木雕鼓车的意义和价值评估，2006年4月4日，江苏省文物局组织南京博物院邹厚本、张敏、鲁力、王金潮、李竹五位专家，对运河村木雕鼓车主体构件进行鉴定，评审意见是："这是我省唯一一辆战国时期的马车，为年代可靠的考古发掘品，由于木椁内出土，因而保存较好，经修复，可以复原。车的结构复杂，并有一建鼓，当为战争的指挥车。淮安运河村战国墓是我省最大、结构最复杂的战国时期的木椁墓，马车各部件齐全，可整套定为壹级文物。"主体构件列表于下。

12

淮安运河村战国墓木雕鼓车主体构件详表

序号	分类号	名　　称	时代	件数（件）	尺寸（厘米）	完残情况	级别
1	9：126－1	车前装饰板	战国	1	长142、宽42、厚3	修复	一级
2	9：126－2	鼓座	战国	1	长137、宽7、高28	修复	一级
3	9：126－3	建鼓	战国	1	长56、口径29、腹径46	修复	一级
4	9：126－4	鼓柱	战国	1	长157、上端边长6、下端直径3.5	修复	一级
5	9：126－5	车轼装饰板	战国	1	长135、宽37、厚2.5	修复	一级
6	9：126－6	车厢雕花板	战国	1	长103、宽24、厚3	修复	一级
7	9：126－7	右輢装饰板	战国	1	长105、宽16、厚2	修复	一级
8	9：126－8	左輢装饰板	战国	1	长105、宽16、厚2	修复	一级
9	9：126－9	车门雕花木板（左）	战国	1	长36.5、宽27、厚2	修复	一级
10	9：126－10	车门雕花木板（右）	战国	1	长36.5、宽27、厚2	修复	一级
11	9：126－11	车厢	战国	1	长123、宽97、高57	修复	一级
12	9：126－12	车辀	战国	1	长300	修复	一级
13	9：126－13	车轴和伏兔、当兔	战国	1	轴中段长114、左右各长46；伏兔长25、宽5、厚7；当兔长6、直径3.2	修复	一级
14	9：126－14	左车轮	战国	1	轮牙直径90.7	修复	一级
15	9：126－15	右车轮	战国	1	轮牙直径90.7	修复	一级
16	7：368	铜軎辖	战国	2	高6.3、口径4.4	完整	一级
17	7：373	铜柱首饰	战国	2	长17.7、口径3	完好	一级
18	7：376	铜达常	战国	1	长14.5、口径4	有锈孔	一级
19	7：380	铜车钉	战国	1	齿外径10.3、内径3.6、高3.5	缺1齿	三级

三 科研立项与保护修复方案

3.1 科研立项

2005年2月20日，淮安市博物馆根据木雕鼓车的价值评估，向淮安市文物局提交了"关于淮安运河村战国墓马车复原研究课题的开题申请书"。强调本课题以保护文物为主，修复和保护严重破损的车舆饰构件，并复原出原大小车舆实物，供淮安市博物馆陈列展览，以论文的形式对外公布。研究方法涉及古代木雕、骨器制作和镶嵌、青铜器制作和髹漆彩绘等多种工艺，将有益于我国在古代车制研究领域中的讨论，也有益于对车制工艺和装饰艺术的研究和突破。

在拟采取的研究方法与技术路线方面，本课题首先采用木质文物保护和修复手段，对所有出土的车舆木质构件进行脱水处理和化学加固，同时加工一整套新的车舆木质构件，以便在复原中反复拆装使用。在此基础上，运用科技考古方法，分析研究古代车制在各个时期的发展过程，特别是战国时期制车工艺及其所涉及的木雕、骨雕、青铜铸造、髹漆彩绘、皮条捆扎、藤器加工制作等工艺特征，严格按照古代车舆装饰和制作方法，按出土车舆构件的具体尺寸和纹饰特征科学地复原出运河村战国墓所出土的车舆，用文物复原的方法、科学的实验过程，为战国时期的木质鼓车作一次实验考古学论证。

计划进度及分阶段实施目标如下。

第一阶段3个月，完成出土车舆木质构件的照相、绘图、测量等前期工作，并完成项目申请报告。

第二阶段6个月，完成调研、分析、研究工作，并实施出土木质构件的脱水和保护。

第三阶段6个月，完成复原方案，并请专家咨询论证。

第四阶段3个月，具体实施复原方案，完成复原任务。

第五阶段3个月，进行总结验收完成结项报告。

本项目课题组长由孙玉军馆长担任，课题研究主要由王厚宇、赵海涛负责，参与成员有王剑、陈永贤、谷玲、尹增淮、朱宏亮、胡兵等科技人员。

2005年7月11日，江苏省文物局根据淮安市文化局上报的《淮安运河村战国墓出土文物技术保护方案》，经组织专家论证并研究，批复如下。

一 该方案全面系统、科学规范，具有较强的操作性，我局原则同意该方案。

二　运河村战国墓属当时的大型木椁墓，其出土的木车为较为少见的实用木车，具有较高的历史价值，需抓紧实施保护。

2005年9月20日，江苏省文物局（甲方）、淮安市博物馆（乙方）与淮安市文物局（丙方）签订《淮安运河村战国墓出土马车复原研究》立项合同书，作为江苏省2005～2006年文物科研课题。

2006年4月6～20日，淮安市博物馆又提交了《淮安运河村战国墓出土马车保护修复方案》，并向国家文物局、江苏省文物局申请列入国家重点文物保护项目，并给予专项补助经费，计划对出土马车及相关77件文物进行保护和修复。

2007年4月2日，江苏省文物局转发国家文物局关于淮安运河村战国墓出土马车文物保护和修复方案的批复，要求对方案进一步修改和完善，在修复中建立详细的文物保护修复技术档案，适当压缩、调减复制经费，将项目预算核定控制在110万元。

3.2 保护修复方案

《淮安运河村战国墓出土马车保护和修复方案》由南京博物院文物保护科学技术研究所制定，主要的保护与修复方案内容为：

1. 保护修复方案的依据和原则

淮安运河村战国墓出土的木雕鼓车为我国先秦考古所仅见，是研究古代车制和文化的重要实物，特别是马车上的构件，不仅有众多雕刻精美的浮雕木板，还有众多青铜饰件，是迄今为止所出土的最豪华、精美的车舆，是一件十分珍贵的历史文物。

对马车出土后保存状况的观察分析，车舆构件并未受到大的破坏，大多数构件外形规整，纹饰清晰。虽然有些构件断裂、变形，但断口清楚，易于拼接。加上出土的车轮、毂、辐、轴、辕、轸、轵等木质构件基本齐全，通过对马车各构件制作工艺的分析、研究以及材质的分析，为修复工作提供了科学依据。

南京博物院近年来在饱水木漆器文物保护中已取得了多项成果，完全有能力解决出土马车漆木构件的脱水保护。并有一定的漆木文物修复经验，曾承担淮阴高庄战国墓出土青铜车马器的修复保护工作，为保护修复运河村战国墓出土马车可提供借鉴经验。

保护修复的原则：

遵照《中华人民共和国文物保护法》、《馆藏文物保护条例》和《中国文物古迹保护准则》的精神对其进行保护，在确保文物安全、修复质量的前提下，尽量采用物理方法，选用材料和工艺要具备可逆性和最小干预性。

2. 保护修复方案

2.1 马车木构件的保护与修复

2.1.1　前期工作

（1）确定技术路线

文物编号　→　样品采集　→　分析检测　→　资料整理　→　清洗　→　脱盐处理
→　霉菌防治　→　脱水加固　→　干燥处理　→　后期保管

（2）资料工作

①资料的调查（考古资料、文献资料、马车木构件的保存状况、制作工艺）
和调研。

②马车木构件拍照、绘图。

③文物编号、尺寸测量、摄影。

（3）分析检测

①车马坑埋藏环境分析（测其水的成分、pH值和土壤成分）。

②木构件树种的鉴定：出土木质构件有29件，先经初步分析、归类，然后在
不同木质构件上取样，进行切片、显微照相，确定木材的树种。

③木构件的化学分析：对出土的木构件进行化学分析，以确定木材的组成和
所含杂质以及含水率。

④生物损害类型的分析：出土文物的埋藏条件不同，其受到侵害的类型差
别很大，给文物带来损坏的机理也不尽相同。通过对微生物种类和侵蚀状态的分
析，才能对文物采取相应的保护措施。

⑤金属离子含量及种类的分析：木质文物长期埋藏在土壤里，不可避免地会
有许多土壤中的金属成分渗透进去。如果脱水加固前不对竹木材中金属离子进行
脱除，直接进行脱水加固处理，金属离子残留在木材里就会使处理效果受到极大
的影响，如竹木材中铁锰等离子含量过高，处理后的木材表面就会变黑，严重影
响文物的外观。因此，脱水前要采用等离子发射光谱等技术手段对其所含有的金
属离子的类型进行检测。

通过以上各项分析，可以了解器物所埋藏环境的情况，木质构件的质地、成
分及保存现状，从而为科学保护打好基础。马车木质构件在脱水保护的前提下，根
据考古文献资料、实物检测数据和观察到的制作工艺痕迹，为修复创造条件。

2.1.2　保护处理技术措施

2.1.2.1　清洗

木质构件长期埋藏地下，其表面粘着淤泥和锈蚀等物质，这些污染物不
仅掩盖各构件上的纹饰，而且对构件本身也造成一定的危害，所以在保护之
前，首先应该进行清洗，一般用去离子水结合毛刷、竹签等工具进行清洗，
如污染物不易清除，应根据污染物的成分，选用化学方法加以清除，然后用
清水浸泡一段时间再做处理。

2.1.2.2　脱盐

出土的木器中含有许多金属离子，如果脱水加固前不对其预先进行脱盐处

理，处理后木材表面就会发暗。将清洗后的文物浸泡在1%浓度的EDTA溶液中，三天后取出，放在去离子水中反复浸泡，至溶液颜色为无色为止。浸泡过程中要定期更换溶液、加热、搅动、刷洗，以加快脱盐的速度。

2.1.2.3 霉菌防治

根据微生物分析检测的结果，选用不同的防霉杀菌剂进行处理。如0.5%十六烷基苄基氯化铵、0.1%异噻唑啉酮等。

2.1.2.4 脱水加固

马车木构件因为长期浸泡在地下水中，出土后呈饱水状态，含水率高达800%以上。强度低，纤维素降解严重，解决脱水、定型是保护这批木构件之关键。

木质文物的脱水保护是世界性的课题，文物保护工作者为此进行了不懈的研究与努力，并取得了一定的成绩。在饱水木质文物保护的研究领域应用较多的方法有聚乙二醇法、蔗糖法、醇－醚联浸法、真空冷冻干燥法、乙二醛法、高级醇法及乳糖醇法，其中，蔗糖法在欧洲国家应用较多，聚乙二醇法、真空冷冻干燥法在日本应用较多。南京博物院研究的以乳糖醇为主体的脱水方法已通过江苏省科技厅鉴定，专家认为，该方法吸湿性低、稳定性好、操作简单、色泽好，属环保型的保护方法，拟采用此种方法作为主要的脱水加固技术。采用乳糖醇处理时起始浓度为30%，然后根据浸泡情况依次提高溶液的浓度为50%、70%、80%，在浸泡过程中需根据溶液浓度的不同调整加热温度，温度在50℃～60℃。

2.1.2.5 干燥处理

文物从浸泡液中取出必须进行干燥处理。常用的方法有自然干燥法、冷冻干燥法、加热干燥法等。采用乳糖醇对木材进行浸泡处理后，需使用加热干燥箱在一定的温度下控制干燥温度，以利于一水乳糖醇的生成。

2.1.2.6 修复

马车木构件经脱水定型后，如何将残缺、断裂、变形的构件进行整形、拼合、组装，是保护过程中不可缺少的环节。

（1）整形：木质构件在2000多年的埋藏中由于填土的重压、挤压，有些构件已变形，对变形的构件，在研究取得成功的基础上进行适当的整形。

（2）补配：木质构件残缺的部位，只要有依据，尽可能用同种木材加工制作，构件表面雕刻的纹饰亦按原样加工。

（3）拼合：对已断裂的构件或补配件，应根据构件强度不同采用不同的方法拼合。如构件脆弱，先用B72树脂加固，并对好断口、编号，然后在断面相应位置钻孔，辅加销钉做加强件，钻孔数及孔径大小、深度视构件厚薄、重量、断缝长度而定。

（4）粘接：将断裂构件粘连一体，可采用高分子材料粘接剂粘接，也可采用传统的榫卯结构进行连结。而对车马构件拟采用黏合剂加销粘接法。木构件在拼合的基础上，在其断裂面先进行表面处理，清除断口的污染物，然后将配制的

15%～20%的胶粘剂B72树脂均匀地涂在粘接面上，涂胶时应注意涂胶不要过多或过少，以免造成胶液"流淌"或缺胶。涂胶后，按预先编号的部位进行粘接，并用预先设计的夹具进行固定、捆扎，待胶凝固后，检查胶缝接合情况，如缺胶则进行补胶，对"流淌"的胶液应进行清理。

（5）做旧：车马木质构件由碎片经修复连接成整体后，粘接痕迹也暴露无遗，为便于展出、观赏，对修复的构件进行做旧处理，通过做旧使色调和谐。

2.1.2.7 处理后的保管

文物保护不是一劳永逸的工作。特别对纤维类的文物如纸张、木材等更是如此。因此，对于脱水加固完成后的木质文物在保管过程中要存放在一定温湿度的保管箱中。一般来说，木质文物存放环境的温度应控制在约20℃，相对湿度控制在约60%。可以采取摆放湿度调湿剂、加贴调湿板的办法来达到这一目的。

2.2 漆绘构件的保护与修复

出土的漆绘构件呈饱水状态并残缺，对这些装饰件，先采用乳糖醇浸泡脱水定型，然后修复。

2.3 骨质饰件的保护与修复

车马坑出土的骨质饰件共11件，长6、宽2厘米，其上饰云纹图案，有的中间还有小孔，以便固定之用。从尺寸分析，这些器物装在1.5厘米厚的条形木器上较合适，因此，装在车舆上部的轵上作装饰用。

出土的骨质饰件呈饱水状态，含有一定的水分，质地脆弱而多孔，具有吸湿性，对温湿度的变化特别敏感，随着温湿度的变化而吸收或放出水分，从而引起器体的体积膨胀或收缩而发生龟裂、变形、酥化、崩溃。所以，抢救性保护迫在眉睫，保护措施如下。

2.3.1 清洗

对出土的骨质饰件用去离子水清除表面的污染物，如清洗不掉，则改用溶剂型清洗剂清洗，并用机械方法加以配合。

2.3.2 脱水、加固

对饱水、脆弱的骨质饰件，拟用醇-醚-树脂联浸法或高级醇法进行脱水、定型，使其渗透，从而增加强度。

2.3.3 修复

脱水、定型的骨质饰件表面如有开裂、脱落、缺失部位，用B72树脂溶液注入开裂处使其粘牢，对缺失部位用骨粉调高分子材料填补。

2.3.4 做旧

修复的骨质饰件，为使表面色调和谐，应进行做旧处理。

2.4 铜配件的保护与修复

2.4.1 现状

车马青铜配件基体质地较好，表面色泽古色古香，有金属芯，在表面古色古香的皮壳上(无害锈层)散布着各种点状粉状锈，在铜基体与皮壳之间有大面积绿白相间的有害锈。部分器形不太完整，锈层的泥土中有铁锈状物质，估计附近有铁质物件共同埋藏。

2.4.2 存在的隐患

由于淮安地处淮河之滨，湿润多雨，地下水位较高，铜器深埋地下与氯化物接触形成氯化亚铜，进一步反应生成氯化铜和盐酸，最后会转化生成粉状锈。这样的腐蚀过程反复发生，使腐蚀产物不断从器物表面扩大，同时又向深度发展，致使铜器由局部到整体锈蚀，逐步穿孔溃烂。青铜配件有脆弱青铜的结构特征，这种结构就好像三明治或夹心饼干一样，非常疏松的有害锈层连结在铜基体与装饰有精美纹饰的皮壳之间。这是一种极不稳定的结构形态，从力学的角度分析，表层的皮壳一旦受到径向方面力的作用，非常容易脱落。从化学的角度分析，由于有害锈层非常疏松，有较大的表面积，对水分和气体都有较大的吸附作用，然后发生一系列的电化学反应，以有害锈层为中心不断地侵蚀铜基体和皮壳。这些青铜配件中有一部分已发生剥落，若不及时处理后果比较严重。

2.4.3 保护、修复内容

（1）分析：对铜器的合金、锈层等进行科学分析。

（2）清洗：对铜器表面的灰尘、泥土等附着物进行清洗。

（3）去锈：对有害锈和覆盖在纹饰上、铭文上的有害锈进行清除。

（4）加固：对已完全氧化酥松的铜器进行局部加固。

（5）修复：对含碎片、裂缝的铜器进行焊接或粘接。对残缺部分，在有根据的前提下进行补缺，补缺的部分、焊接口进行做旧处理。

（6）缓蚀保护：对修复后的铜器表面进行缓蚀保护处理，防止有害气体的侵蚀，达到延长铜器寿命的效果。

（7）表面封护：用高分子材料对铜器表面进行封护，防止水分、氧气、有害气体、微生物对铜器的侵蚀。

2.4.4 保护、修复材料的选择

保护、修复材料的选择要以充分的分析检测数据为依据，除锈尽量采用机械方法，对于机械方法无法去除的锈层根据特定情况采用不同的化学方法去除。

（1）去除有害锈的试剂：采用获1998年国家科技进步奖"青铜文物保护新技术"课题中的ACN-1复合剂。

（2）去除无害锈的试剂：采用"青铜文物保护新技术"中的ACN-2复合剂。

（3）加固剂：采用国家文物局下达的脆弱青铜器加固的科研成果FNl加固剂。

（4）配缺材料：根据铜器铜体腐蚀的程度，选择铜或复合铜配缺。

（5）做色材料：铜器残缺补配部分和焊接口，应分别进行做旧处理，力求做到修旧如旧、色泽和谐、过渡自然，所选材料为附着力强、调色方便、无光泽、耐老化、长期不易褪色发黄的高分子树脂和与铜器相协调的无机颜料。

（6）缓蚀剂：采用AMT或BTA铜缓蚀剂进行缓蚀处理。

（7）表面封护剂：铜器表面进行封护是保护工作的一项重要内容，是对前面去锈、加固、修复、补配、做旧工作保持长久性的处理保护，防止空气中的有害气体、有害物质和水分侵蚀文物，形成一个相对有利于铜器保存的小环境。封护剂采用无色透明、附着力强、憎水性好、耐酸碱、耐老化的含氟材料。

2.5　保存

将上述经保护修复的马车构件采用高分子材料进行适当的加固与封护，木构件、漆绘构件和骨质饰件存放环境的温度应控制在20℃±2℃，相对湿度控制在55%±5%，铜配件的保存相对湿度应控制在40%以下。

2.6　模拟复制

为了原物的保护、便于陈列展览，在对原物和文献进行充分研究的前提下，进行复原的研究，并利用研究成果模拟复制一辆马车。

以上保护修护方案于2006年4月20日在国家博物馆召开的专家论证会上讨论通过。（图一〇）

图一〇　在国家博物馆召开的木雕鼓车保护修复方案专家论证会

四 马车木构件的脱水
保护与研究

　　淮安运河村战国墓木雕鼓车的出土，受到了江苏省文物局、淮安市文物局和南京博物院的高度重视。南京博物院并委派文物保护专家参与发掘和指导，出土后即送到南京博物院，由该院文物保护科学技术研究所进行脱水保护。南京博物院在漆木器脱水保护方面具有丰富的经验，为此他们做了下列工作。

4.1 分析木质构件的特点

　　木质马车是由许多部件组合而成，车轮（图一一）等部位髹有黑漆，但木材残破非常严重，出土时，有部分木质文物的表面已有许多开裂，材质很糟朽，尤其是木鼓（图一二）和车身（图一三、一四）等部位。这批木质文物埋藏了2000多年，其组织结构受到了一定程度的侵蚀，纤维降解严重，木材强度低，含水率高，后期修复任务十分艰巨。

　　这批马车木质构件数量比较多，在考古发掘现场虽然已做好了文物的编号工作，但为了防止在清洗及浸泡过程中发生混乱现象，将文物拆箱取出后马上更换了防水标签，并做好文物的拍照、取样、记录等信息工作。这批文物数量众多，可能涉及的树种会有多种，因此，在取样时每个关键部位都要取到，并按照取样要求进行认真采样，而后交由相关的单位进行分析检测。做好这些工作后将文物进行反复清洗再放在浸泡槽中以待后期的保护处理，事先需做好箱体的标号及文物摆放位置的记录。

图一一　车轮

图一二　木鼓

4.1.1 木材树种分析

木材的树种不同，其理化性能差别很大。古人在制作器物时，比较考究的制作会根据器物的不同部位选取不同树种的木材，也有就近取材或考虑到其他因素选取木材。无论是出于何种原因，我们在脱水加固工作实施前都需要对不同部位进行认真的取样，并进行分析，以便为下面的保护工作提供科学的参考依据。具体分析检测结果见附录二、三、四。

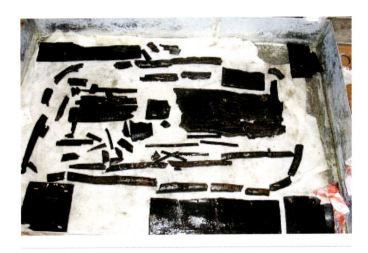

图一三　车身构件

4.1.2 含水率测定

以淮安运河村战国墓出土的淮安檫木G、淮安樟科I、淮安麻栎N为试样，按木材的三个方向对其进行切取，制作不同尺寸的试样。测定每件试件的原始重量、体积和各向尺寸，然后将标准试件放至阴凉干燥处气干，每隔一段时间测其重量和尺寸，记录其重量、尺寸的变化。测量时间间隔最初为2小时，而后当变化不太明显时延长间隔时间，最后可每天测一次。当数据基本不变化时，得气干重量、气干体积和气干尺寸。然后将已气干的古木试件置于烘箱中，在

图一四　车輢扶手板

102℃±3℃环境下烘至绝干，测其绝干重量、绝干体积和绝干尺寸，木材试样干燥前后的对比如图所示。（图一五～二〇）以同样取样和测试方法取得正常木材的尺寸。

木材中所含水分的数量，通常以含水率表示，即以水分重量占木材重量的百分率计算，其中由于木材重量的基数不同而区分为绝对含水率和相对含水率两

图一五　淮安檫木饱水试件

图一六　淮安檫木绝干试件

图一七　淮安樟木饱水试件　　　　　　　　图一八　淮安樟木绝干试件

图一九　淮安麻栎饱水试件　　　　　　　　图二○　淮安麻栎绝干试件

种。绝对含水率是水分重量占绝干材重量的百分数，相对含水率是水分重量占湿材重量的百分数，通常以绝对含水率来表示考古木材的含水率。根据以上数据，可计算出如下物理指标，具体计算公式如下：

$$绝对含水率 = \frac{饱水重量 - 全干重量}{全干重量} \times 100\%；$$

$$基本密度 = \frac{古木试件的绝干重量}{古木试件的饱水体积}；$$

$$气干密度 = \frac{古木试件的气干重量}{古木试件的气干体积}；$$

$$干缩率 = \frac{原始尺寸 - 绝干尺寸}{原始尺寸} \times 100\%；$$

$$最大含水率=\frac{基本密度/1.53}{基本密度}\times100\%$$

（式中1.53为木材实质密度）

根据以上公式得到以下数据，见表1。

表1　古木试件物理特性与正常材对比表

物理特性　　类别　古木种类		基本密度 (g/cm³)	气干密度 (g/cm³)	干缩率（%）			最大含水率（%）
				径向	弦向	体积	
G：淮安檫木	古　木	0.236	0.401	15.64	24.29	39.44	349.03
	正常材	0.448	0.558	4.86	8.25	13.56	157.855
I：淮安樟科	古　木	0.250	0.719	23.45	48.97	64.89	333.64
	正常材*						
N：淮安麻栎	古　木	0.267	0.593	14.25	32.32	54.24	262.35
	正常材	0.699	0.932	5.43	10.5	16.2	77.702

（＊因数据检测时间久远，此行数据缺失）

由表中对比可见，古木试件的最大含水率、径弦向及体积干缩率均远远高于其同树种的正常木材。古木试件的基本密度远远低于其相同树种的正常木材，其原因也是由于木材内部的化学成分被严重降解了。

从对比照片中可以看出，古木试件都发生了不同程度的尺寸收缩和变形。从外形上看，古木试件在自然气干过程中的收缩变形远远高于正常木材。原因是古木长期埋藏于地下，其化学成分严重降解，真正的木材成分的含量远远少于正常木材。另外，由于降解，古木内部的细胞壁结构也受到了严重的破坏，其框架结构的强度大大降低，失水时，在水的张力作用下大幅度收缩。

对于正常的木材，在无外力作用下，无论在干缩或湿胀过程中，细胞腔的变化是极小的，细胞腔的内径在干燥与湿润过程中之所以没有发生变化是由于初生壁内层的纤丝排列几乎与纤维的长度成直角，在细胞溶胀时，这样被缠绕的纤丝应该被绷紧。干燥失水时，干缩趋于内向收缩，而次生壁内层的纤丝在其自身的长度方向尺寸无变化，于是抑制了向内的干缩量。

而对于出土饱水古木试件则不同，由于细胞壁中起主要支撑作用的纤维素的大量流失，所以细胞壁中的纤维强度大大下降，没有能力抗拒各种收缩力，最终

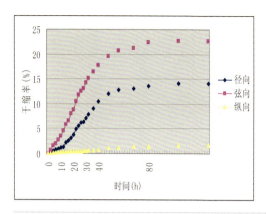

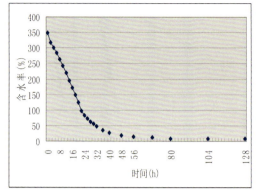

图二一　古木试件（檫木）干缩率变化曲线　图二四　古木试件（檫木）含水率变化曲线

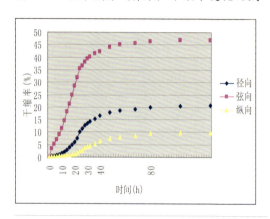

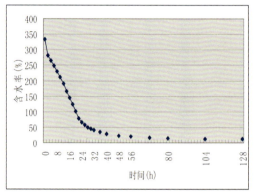

图二二　古木试件（樟科）干缩率变化曲线　图二五　古木试件（樟科）含水率变化曲线

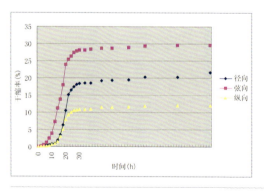

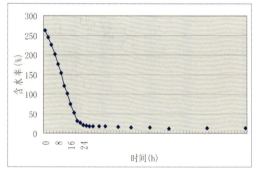

图二三　古木试件（麻栎）干缩率变化曲线　图二六　古木试件（麻栎）含水率变化曲线

导致细胞壁坍塌、起皱，使细胞腔空间变小，木材整体发生皱缩。

4.1.3 古木试件各向干缩率随时间变化曲线

从各个种类的古木试件的干缩率随时间变化的曲线（图二一～二三）可以看出，古木的自然干燥与正常木材有着一定的相似之处，如都是开始收缩较快，而后逐渐平缓，最终趋于平衡，干缩率都是由纵向到径向再到弦向逐渐增大。但是，古木的自然干燥与正常木材的干缩有着一个本质的差别，就是正常木材的收缩变形是在含水率降到纤维饱和点以下，当木材失去结合水时才开始，而饱水古木的收缩变形从失去自由水时就开始了。

4.1.4 古木试件含水率随时间变化曲线

古木试件的自然干燥曲线与正常木材也是有同有异。相同之处在于含水率的变化都是先迅速下降，然后逐渐变缓，最终含水率趋于平衡。古木的气干含水率在9%～14%，与正常材差别不大。下面来谈谈不同之处。

第一，饱水古木的初含水率即饱水含水率（也称最大含水率）远远高于正常木材。原因很明了，出土古木的化学成分被严重降解，虽然在出土时（未变形之前）其尺寸外形与正常木材差别不大，但那只是一个框架，其内部真正的木材成分已经远远少于正常木材。木材物质的含量少了，自然在饱水状态下其内部充盈的水分也就多了。因而古木试件的饱水含水率远远地高于正常木材。

第二，饱水古木的含水率减小的速度比正常木材快。（图二四～二六）原因还是由于出土古木的化学成分被严重降解，木材干燥的过程是木材中的水分从木材内部逐渐向外扩散蒸发的过程，在这个过程中，水分由内向外移动的路径是细胞腔、管孔、细胞间隙等木材内部的孔隙。出土古木的内部化学成分被严重降解，细胞壁物质减少，因而，其内部的孔隙就要比正常木材大，于是在干燥过程中，水分在木材内部移动的阻力大大减小，干燥的速度也即含水率减小的速度就比正常木材快。

4.2 保护处理

战国墓出土的木质马车是由多个部件组合而成，很多部件都髹有大漆，每个部分根据使用功能的不同，选用的制作木材也有很大差别。根据分析检测结果，共有五种木材，分别是椵木、檫木、楠木、梓树、野桐木。根据前面的分析检测指标及这批文物的特点我们采用了乳糖醇法进行保护，并进行了前期的试验工作。

4.2.1 乳糖醇的性质

乳糖醇又名乳梨醇，化学名为4-O-B-D-吡喃半乳糖基-D-山梨醇。（图二七）乳糖醇作为一种甜味剂，具有低热量、低蚀性，是健康食品的甜味剂。乳糖醇的吸湿性比山梨糖醇、丙三醇、蔗糖、聚乙二醇4000的吸湿性低（图二八是糖、醇吸湿性的比较图）。因此，经常作为口香糖、软糖的涂层防潮，同时，乳糖醇的水解比乳糖和麦芽糖慢得多。

4.2.2 脱水加固处理

出土的漆、木、竹器中含有许多金属离子，脱水加固前如不对漆、木、竹器文物预先进行脱盐处理，处理后就会使木材表面发暗。将清洗后的文物，浸泡在低浓度的EDTA溶液中，三天后取出，放在去离子水中反复浸泡，然后再进行脱水加固处理。（图二九）首先将文物放在30%的乳糖醇溶液中，为防止出现霉菌滋生现象，溶液中添加了0.2%的异噻唑啉酮作为防霉剂。溶液温度控制在

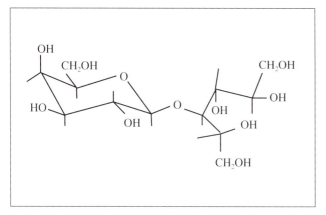

图二七　乳糖醇分子结构式

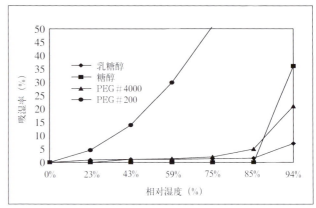

图二八　乳糖醇、蔗糖和PEC（聚二乙醇）的吸湿性

图二九　脱水加固处理中

图三〇　干燥中

约50℃。摆放文物时要分层摆放，每层之间用棉毡分隔开，大体量的文物放在下面，文物一次不能摆放太多，要为今后溶液的搅拌留有空间。为防止溶液浓度分布不均匀同时也为提高溶液对木材的渗透力，每隔一定时间要对溶液进行搅拌，为此我们专门设计了液体微循环搅拌装置，这样既能提高液体的流速，同时也避免出现上下溶液浓度梯度过大的现象。处理过程中要注意观察文物及溶液的变化，经常测量溶液的浓度，由于木器内部的水分不断被置换，溶液的浓度会下降，因此实际操作时起始浓度要高于30%浓度，一般在35%～40%。当文物沉入容器底部，表面溶液与文物内部的水分的交换基本达到一个平衡状态，继续保持该状态约一个月后，再提高溶液的浓度，依次将溶液提高至55%、70%、80%，重复以上操作。浸泡结束后，将文物从溶液中取出，用热水洗去表面多余的乳糖醇，将文物放在干燥箱中进行干燥处理，（图三〇）温度控制在约50℃。干燥过程中要密切注意观察文物表面的变化，根据干燥程度及时调整干燥温度。

4.2.3　后期保管

文物保护不是一劳永逸的工作，特别对纤维类的文物如纸张、木材等更是如此。因此，对于脱水加固完成后的木质文物在保管过程中要存放在一定温湿度的保管箱中，一般来说，木质文物存放环境的温度应控制在20℃±2℃，相对湿度控制在55±5%。

五　　木雕鼓车的复原研究

5.1　复原研究的前期工作

　　该车的车舆构件是迄今以来考古发掘中保存最好的木质构件，这是几代文物考古工作者梦寐以求的车舆实物。中国古代马车的考古与发现，基本与中国现代考古学同步发展。早在抗日战争之前，就在河南殷墟考古中发现殷商车的残迹。20世纪50年代，夏鼐先生等首先在河南辉县琉璃阁成功剥剔出东周马车，才使人们第一次目睹到相对完整的古车。迄今为止，经考古发掘的商周车马坑约160余座，其中，商代车马坑64座、西周至战国车马坑约100座，出土的马车遗迹也有近千辆之多。从现有资料来看，这些车舆多出土于我国北方，相对集中于晋、陕、豫、冀、鲁等省区。但由于北方气候干燥等地理环境因素，这些地区出土的车舆往往保存较差，其木质构件多已朽烂，或成为有形无物的灰土，或仅余朽蚀后的空洞，虽经小心剥剔、化学加固和石膏灌注成形，也只能知其大概，难以得到保存较好的车舆实物资料。故而对于细部特征了解不多，所提取的信息有限，只能根据木灰残痕和不同土色来决定车舆构件的尺寸大小。据此而复制的马车可能先天不足，在真实性和准确性方面也失真不少。而南方虽然气候湿润，雨量充沛，江河密布，湖塘星列，山行陆处，人们以舟当车，以楫作马，故马车数量少，考古出土的马车也较之北方少得多，如江浙一带至今也未见马车出土，甚至长江之南都相当少。而淮安由于地处中国南北方的过渡带，处于暖温带和亚热带的分界线上，是历史上的南船北马和辕辑交替之地，亦可能是古代马车分布的南缘地区。但正是这边缘地区却出土了迄今为止保存最好的古代马车，充分反映了其独特的自然地理条件。经发掘，该车出土于淮河下游的河湖地区，濒临里下河水网地带。由于其独特的地理环境和埋藏条件，因地下水位过高而使木质车舆构件保存较好，这不能不说是一大奇迹，在全国各地都非常稀少，至今还没有相似的马车与之匹敌。这在全国来说也是唯一的一辆保存较好的马车，其轮、轴、栏板、辀、軨等车舆构件相对齐全，且这些木质车舆构件都经过现代科技手段，对其作了脱水处理。其木质坚硬，都有固定的形状和尺寸，可以反复测量和检验，作为车舆文物和标本长期收藏和保存，是唯一的一辆可供实测的木雕鼓车。据此可以开展多方面研究，解决一些悬而未决的疑难问题，亦是模拟复制的基本依据，故在中国古代车制研究中具重大意义。因此，该车的复原研究一直是我们密切关注的问题，早在2004年，我们就把该课题上报江苏省文物局。2005年，该车

28

的复原研究课题列入2005～2006年度江苏省文物科研课题，2007年，该车的保护和修复列入国家重点文物保护项目，并给予专项经费资助。

中国古车复原研究，特别是先秦马车的复原研究，一直是中国文物考古界的重要课题，许多学者都进行了探索和研究，也取得了先秦马车的复原经验和阶段性研究成果。如杨宝成先生复原的河南安阳郭家庄出土的殷商车、张长寿先生复原的陕西长安张家坡井叔墓地出土的西周车、渠川福先生复原的太原金胜晋国赵卿墓出土的春秋车、袁仲一先生复原的秦始皇兵马俑坑出土的1号铜车和2号铜车，都取得重要成果。为了学习其他文博单位的先进经验，借鉴他们的复原成果，我们两度赴陕西、河南、甘肃、山东等地考察，与有关专家进行了座谈和交流。返回后再结合运河村战国墓木雕鼓车的具体情况，进行复原方案的制订和研究，方案初步制定后又广泛征求专家意见，使复原方案几上几下，趋于完善和成熟。因此，淮安运河村战国墓木雕鼓车的复原不是闭门造车，也不是根据典籍文献而作的纯学术研究，而是在考古发掘的基础上，依据出土实物而进行的实践和探索。（图三一）同时，在此过程中，对全国各地进行了考察和调研，学习和借鉴了其他文博单位马车复原的成功经验。我们经过反复研究，依据车舆构件，复制出一辆木雕鼓车，基本达到国内古车复原的先进水平，为中国先秦马车的复原提供了成功范例，是迄今为止第一辆成功模拟复制的木雕鼓车。因此，该方案具

图三一　专业骨干对木雕鼓车作复原研究

有较高的科学性和可行性，实现了考古资料和古代典籍的对接，2007年，该车的复原研究课题通过验收，得到了国内著名古车研究专家和文物保护专家的认可。

5.2 鼓车主要构件的实测和考证

5.2.1　轮。《考工记》曰："察车自轮始。"故我们先看车轮。车轮左右各一，形制相同，大小一致，外髹黑漆，光洁精致，每轮有辐28根，轮径91.7厘米，毂、辐、牙三材俱备。（图三二、三三）《考工记》曰："毂也者，以为利转也；辐也者，以为直指也；牙也者，以为固抱也。"此车二轮二毂，首先对车毂加以介绍。

图三二　右车轮出土状况

毂，木质。《说文解字》："毂，车辐所凑也。"郑司农注："毂，空壶中也。"该毂贤端外径10、内径5.2厘米，轵端外径8.5、内径4.5厘米。其纳辐处在中部，略偏于贤端，直径14.7、宽6厘米，上有28个长4、宽0.8、深2厘米的凹槽以植车辐，毂长38厘米。（图三四）从外表来看，此毂没有缠绕皮革之迹象，有赭红斑点，推测是原髹赭红漆所致。

车辐，共56根，现取一根说明之。依据《考工记》的记述，辐有股骹两端，阮元《考工记车制图解》云："辐近毂谓之股，近牙谓之骹。辐入毂谓之菑，入牙谓之蚤。"其辐股端为长径3.6、短径1厘米的椭圆，上有略小于股端尺寸的菑置入毂中，菑长1.2厘米。骹端截面呈近圆形，直径1.5厘米，上有宽1.5、厚1厘米的蚤植入牙中，蚤长7.5厘米。自股端之椭圆到骹端之圆，均匀变化，光洁挺直，完全符合结构要求和力学原理。辐总长39.2厘米。（图三五）

轮牙，也称辋，《释名·释车》：

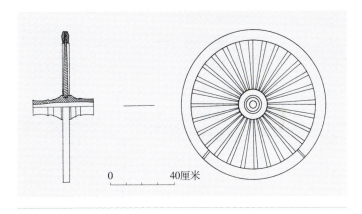

图三三　车轮实测图

图三四　车毂

图三五　车辐

图三六　轮牙

"辋，冈也，冈罗周轮之外也。关西曰輮，言曲輮也。"《荀子·劝学》："木直中绳，揉以为轮，其曲中规，虽槁暴不复挺者，揉使之然也。"可见轮牙都是揉制而成。此车之轮牙是先用一根条木揉制，其不足圆处，另外接木。故每只轮牙都有长短不同的两根牙片，长者约230厘米，短者约60厘米。因此，每轮都有接口两处，接口都是直口对接，不是斜口对接，也不是夹口榫接和搭口榫接，不同于张长寿先生《井叔墓地所见西周轮舆》的研究。况且也不见浚县辛村、上村岭虢国墓地、河南淮阳马鞍冢车马坑的"铜牙饰"、"铜箍"、"铜片"出土。此外，轮牙和车辐的连结也很特别，所采用的是透孔通榫结构。辐蚤入牙后打进楔形木塞，形成相当紧密的辐牙结构。轮牙的横剖面近似腰鼓形，高7.5厘米。承辐一面厚2.5厘米，两侧为直角；着地一面厚1.8厘米，两侧为圆角；中腰厚约4厘米。（图三六）轮牙原髹黑漆，但由于年代久远，现自中腰以下，黑漆脱落，有可能是使用磨损的缘故。据南京林业大学鉴定，轮牙材质为大戟科Euphoriaeae野桐属Mallotus spp.。

5.2.2　轴和伏兔。轴是用整根木料加工而成，其中段是长约114厘米的扁圆柱体，截面5.4厘米×3厘米。左右为长46厘米的圆柱体，直径4.6厘米。至两端急收，轴端直径3厘米。

轴端各有方孔一个，是安装青铜軎辖之处，与车坑内同出的軎辖正好吻合，轴全长206厘米。（图三七、三八）伏兔在轴上，左右各一，反向卧于轴上并和轴用木钉连为一体。此外，还有皮革捆扎的痕迹。伏兔每只长25、宽5、厚7厘米，上有承轸的半圆形凹槽。前、上、后三面饰浮雕蟠龙纹，蟠龙曲颈、张口、吐舌，雕刻精致，造型生动，是迄今为止所出土的最精美的伏兔。（图三九、四○）伏兔在陕西长安张家坡和北京琉璃河西周墓都有发现，另外，上村岭虢国车马坑和秦陵铜车马坑也有出土，但远没有此器完整和清晰。此车之伏兔和临猗程村M1065车马坑的伏兔一样，也和秦始皇陵1号铜车伏兔相似。由此可见，古代车器的一致性和继承性是研究古代车制和文化的重要资料之一。

左右伏兔上半圆形凹槽的中心间距是94厘米，这也是左右车轸的中心距

图三七 轴与伏兔

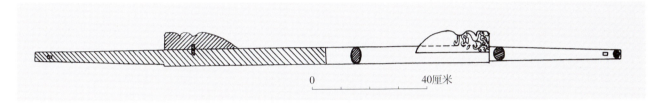

0   40厘米

图三八 轴实测图

图三九 伏兔

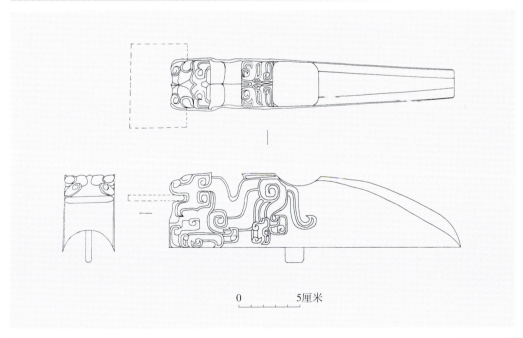

0   5厘米

图四〇 伏兔实测图

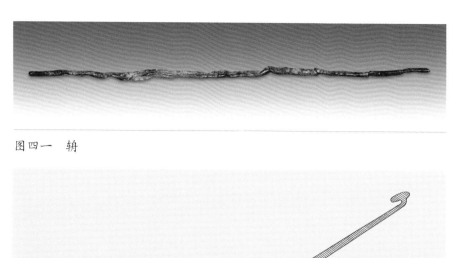

图四一　辀

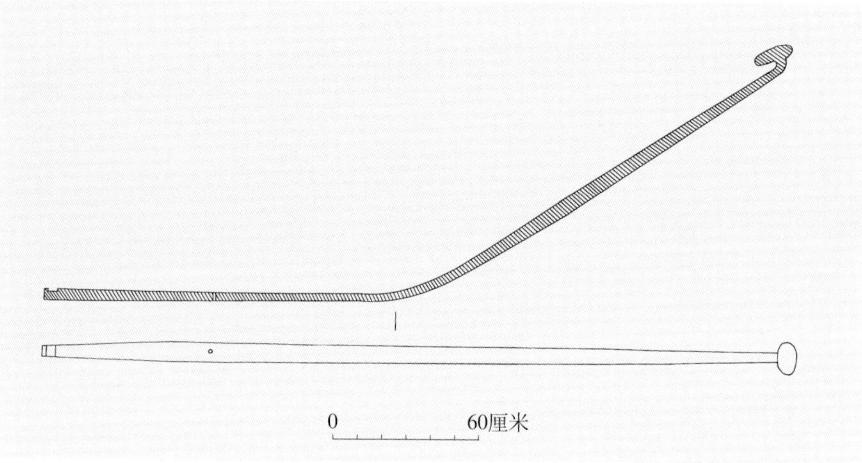

图四二　车辀复原图

0　　　　　60厘米

离。由于车辋宽4厘米，故车舆宽98厘米。如此宽度的车舆，只能容乘两人，说明这是一辆小型车舆。据南京林业大学鉴定，车轴材质为大戟科Euphoriaeae野桐属Mallotus spp.。

5.2.3　辀和当兔。辀是用整根木料加工揉制而成，虽已断成8段，但断口清楚，拼接起来较为容易，长约300厘米。为叙述方便，先从辀尾说起。辀尾为直径4.5厘米的圆柱体，上有浅平凹槽以承后轸。自辀尾向前，辀身尺寸纵向渐小，横向渐大，至54厘米处变成长径8、短径2厘米的扁圆柱体，长约90厘米。再前复变为直径5.5厘米的圆柱体，向前渐细，至辀颈，直径3.5厘米。辀首呈扁圆饼状，周边有长方形孔7个，是用皮条缚衡之处。自辀尾开始，辀身平直，至163厘米处辀身逐渐向上作弧形弯曲，上升高约85厘米。（图四一、四二）另外，在距辀尾55厘米处中有一个孔，推测是系靼之处。在距辀尾126厘米处有一个凹槽，推测是和前轸相交之处，由此推断车舆纵深为126厘米。

当兔，为一个直径3.2、长约6厘米的圆柱体，中有一孔，推测是用皮条固定，解决轴、辀的悬空问题，具体起稳定作用。（图四三）一般说来，当兔上下为两个相互垂直的凹口，均为曲面结构，这种结构使得轴与辀紧密连结，如秦陵1号铜车就是这样的当兔。但此车的当兔不是这样，没有相互垂直的凹口，这样的当兔在行走时容易滑脱，或者是一种临时性的结构。

5.2.4　衡。衡出土于辀首之左侧，同出的还有镶嵌青铜矛首的角形木质构件，此外，还有6件青铜小兽面，这些都是衡的饰件。组装起来，两端上曲，显示曲衡的形式。衡的中段是直径3、长94厘米的圆木棒，两端是装有镶嵌青铜矛首的角形木质构件，两者斜口对接，全长约170厘米。衡末所镶嵌的青铜矛首平面矛首形，中有脊，每件长13厘米。此外，辀、衡相交处和轭、衡相交处还装有青铜小兽面，这种青铜小兽面呈镂空薄片状，形象生动、造型逼真，有目、口、鼻、角等器官，每件宽4、高3.5厘米。一般说来，镶嵌这种小兽面的衡就是"错衡"。错衡也是文衡，即是有纹饰的衡，这在考古中多有发现，如安阳殷墟郭家庄车马坑、长安张家坡西周车马坑、北京琉璃河燕国墓地都有出土。错衡是地位身份的标志，《荀子》曰"前有错衡，所以养目也"可证。一般说来，曲衡在西周时比较流行，到战国时期就比较少见了，但青铜矛首衡末延续很长，如秦陵2号兵马俑坑就有相似的青铜矛首衡末出土。

图四三　当兔

5.2.5 轸、枕、茵。轸是车舆的底盘框架，通常是由榫卯咬合的木质矩形结构，如长沙203墓的3号车，即轸木四根，接缝在四角。也有的轸是采取前后两半对接的形式，如陕西长安张家坡井叔墓地的M170车轸。但是，此车车轸是用上平下圆的一根条形木料揉制弯曲而成，故四角相交处不见榫卯结构。（图四四）这根条形木料宽4、厚3厘米，其平面向上，用以穿孔和刻槽，其工艺特征一目了然，仅在后轸中部发现斜口对接。据此推断，此轸是用一根木料揉制，形成纵126、横98厘米的框架结构。（图四五）揉制后在车舆后部中间斜口对接，接口处用木钉固定，然后再缠以皮条。此外，此车前轸和后轸有别，前轸带有轻微的前凸弧度，这种前凸形制正与同时出土的车舆铜饰吻合。另外，和此墓毗邻的淮阴高庄墓青铜舆饰也反映这种形制的车舆。在车轸上还有一些矩形方孔，看来这是安装木质车栏时残留。另外，左、右、后轸上有成排的圆孔和方槽，圆孔是通孔，直径0.8、间距约8厘米。这说明此车不用阴板，而是由藤条编织成类似今天蹦床的结构，这也被同时出土的藤编残片所证实。这种藤编残片，横向是直径0.8厘米的圆柱形藤条，纵向是宽0.6、厚0.15厘米的扁平藤条，二者垂直，穿孔相交。方槽是边长约0.6厘米的刻槽，间距7.5厘米，推测是安装类似竹席的车茵之用。这种车茵编织精细，惜已朽烂，分布于车舆底部。此外，在车舆的前

图四四　轸框与轴出土状况

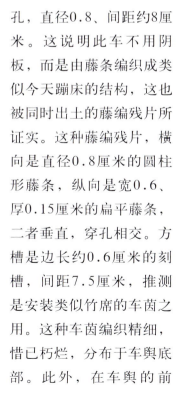

轸上没有成排的圆孔而有刻槽，看来是用木条将编织好的藤床和车茵在前轸固定而预留。（图四六）遗憾的是，此车之轸由于发掘时匆忙，没有及时拼接研究，后来整理时仅发现两角及多段轸木，另外两角已经错乱，无法拼接复位，故上述之尺寸只是综合推断，不是实测尺寸，仅供复原时参考。

桄，2根。出土于轸框内，和辀平行并在辀的两侧。但两根都损坏过甚，并断成数段。一根残长81厘米，另一根残长58厘米，截面为2.5厘米×2.5厘米，都是上平下圆的条形木料，并通过榫卯和前后轸连结，形成较为坚挺的框架结构。（图四七）

5.2.6 軨。车舆四面的围栏，古时称軨。《说文解字》："軨，车轖间横木。"段玉裁《说文解字注》云："戴先生曰：'軨者，轼、较下纵横木总名。'"故軨由纵、横木组成。纵木是植于车轸上的立柱，大致有三种。其一长25.5、宽3、厚2厘米，下端有榫植于轸上；其二长约42、宽3、厚2厘米，下端亦有榫植于轸上；其三是直径3厘米的木柱，长约60厘米，这是车舆左右两侧的后角柱。后角柱上镶有铜帽形器。此器为管状器，菌状顶，内径3、长17厘米。横木共出土多根，但多已折断，经拼接，大致有5根，长度不一，截面均为3厘米×1.5厘米。出土的骨质饰件，皆为方形管状，外有浮雕云纹图案，因其尺寸和横木吻合，有可能镶嵌于此。横木上未有榫卯痕迹，看来是用皮条和纵木连结。据此推断，此车舆軨是用皮条将纵横木捆扎形成舆軨骨架。

5.2.7 漆绘条。数量很多，黑漆为底，上绘红色云纹和几何纹图案。就其形制大致

图四五　轸框

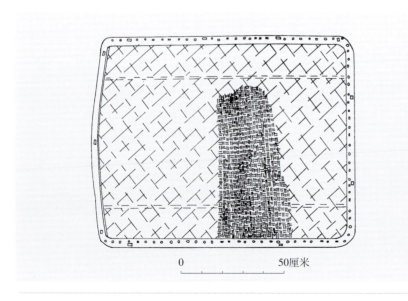

0　　　　　　50厘米

图四六　轸、茵复原图

有三种，其一是直径1、高0.7厘米的半圆形藤条，其二是宽1.3、厚0.3厘米的扁平藤条，还有一种是直径0.5厘米的圆柱形藤条，上面都有红色云纹、几何纹图案。（图四八）

图四七　枙

5.2.8　木雕装饰板。车坑共出土木雕装饰板9块，其上刻有浮雕蟠螭纹和云纹图案。这种纹饰主要流行于春秋战国之际，若龙若蛇，相互缠绕，构成了极其精细的艺术图案。这说明春秋战国时期，木雕艺术也和青铜艺术一样，出现了繁缛多姿、精细瑰丽的艺术风貌。况木雕艺术在先秦考

图四八　漆绘藤条

古中发现不多，这次发现如此众多的雕花木板，实属先秦考古的重大发现。据南京林业大学鉴定，其材质为紫葳科Bignoniaceae梓树属梓木Catalpa sp.。这次发现的雕花木板，有的已知其用途，有的尚待考证，板上残存赭红斑点，推测原髹赭红漆之故。

前軨装饰板，长142.5、宽42、厚3厘米。其顶部左右平齐，中有长65、宽16厘米的矩形缺口。一面雕刻有蟠螭纹，板口沿有云纹图案。下部为弧形，素面无纹饰。推测此板应置于车舆前部，正中间缺口，以便鼓柱伸出。此板弧形下部直插车底，从尺寸上讲也和车栏的高度相符。此板下面有方孔1个和圆孔3个，可能是连结鼓柱其他构件之处。（图四九、五〇）

鼓座后隔板，长130、宽37、厚2.5厘米。双面都有蟠螭纹带，蟠螭纹带一面宽6厘米，另一面宽13厘米，口沿上有云纹图案。纹饰带内有铜扣1个和方孔2个，推测为系扣之用。下部为弧形，素面无纹饰。从形状和尺寸分析，此板是插入车厢的木板，具体起装饰和隔断作用。（图五一、五二）

左軨装饰板，长105、宽16、厚2厘米。一面雕刻蟠螭纹，口沿有云纹图案。两端各有4个孔，4孔中间有铜扣一个，推测为穿皮条所用。推测该板悬挂于车舆左侧，具体起美化车舆的作用。（图五三、五四）

右軨装饰板，形制、纹饰和左軨装饰板完全相同。（图五五）

图四九　前辀装饰板

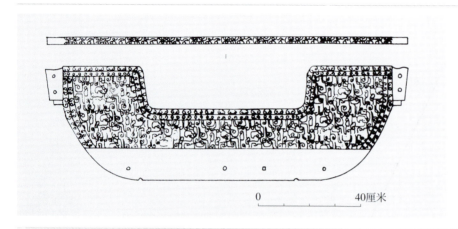

图五〇　前辀实测图

图五一　鼓座后隔板

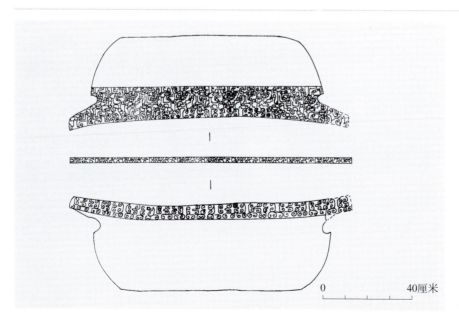

图五二　后隔板实测图

图五三 左輢装饰板

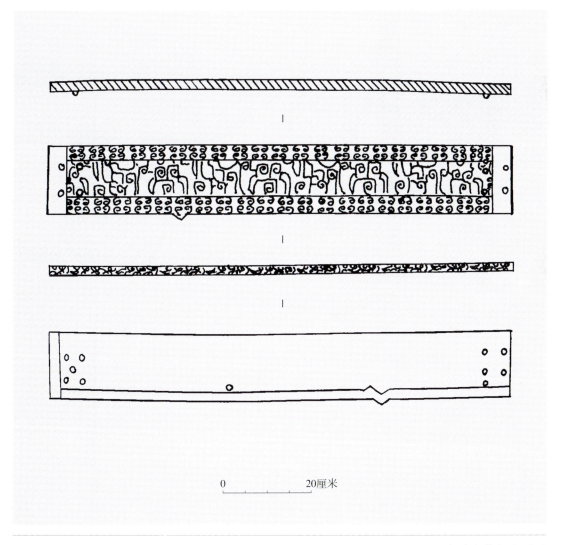

图五四 左輢装饰板实测图

图五五　右軨装饰板

图五六　破碎的建鼓

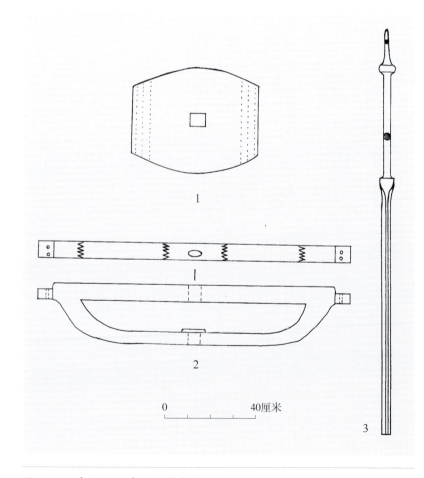

图五七　建鼓、鼓座、鼓柱复原图

5.2.9　建鼓、鼓柱、鼓座。建鼓出土于车坑南端，在车舆尾后。由于在最上层，故遭到施工破坏，现仅存半个鼓身和若干残片，外髹黑漆。（图五六）该鼓是用整木刳挖而成，加工痕迹清晰可见。经测算，该鼓身长56、口径29、腹径46厘米，（图五七：1）两端乳钉带宽9厘米，上有竹钉3排，用以固定皮质鼓面。鼓身中部有7厘米×6厘米的对穿方孔，孔中有早年折断的扁圆形鼓柱半根。这种有对穿方孔、中以贯柱的建鼓在我国有悠久历史，是我国古代传统打击乐器之一。据南京林业大学鉴定，其树种为樟科lauraceae檫木属Sassafras檫木s.tsumu。

鼓柱损坏较大，现仅存近50厘米长的一段，其下端为椭圆柱体，截面是长径6、短径3厘米的椭圆。上端是直径5厘米的圆柱以穿鼓身，下有方形台阶以承鼓腹。（图五七：3）因此，这应是中间承鼓的一段，向上向下都不清楚。参照曾侯乙墓和同墓出土的鼓座对其进行了复原，鼓柱高约170厘米。

鼓座出土于前軨装饰板下面，即车舆的前部。是由长137、宽28、高7厘米的木板刳挖而成，上部为长137、宽7厘米的矩形平面，上刻齿形图案。两端有刻槽，似为安装青铜饰件所遗留。下为弧形曲面直插车底，中有

扁孔可插鼓柱。（图五七：2、
五八）据南京林业大学鉴定，
其树种为樟科Lauraceae檫木属
Sassafras檫木S.tsumu。

图五八　鼓座

5.3　鼓车的复原和组装

通过以上论述，下面来讨论鼓车的复原。鼓车的复原内含车的复原和鼓的复原，此外，还有车和鼓的安装组合问题。为此，首先回顾一下建鼓。

建鼓，古称足鼓、晋鼓、楹鼓、植鼓，早在3000多年前的商代就有这种鼓，到春秋战国时期已广泛使用。《国语·吴语》中有"载常建鼓，挟经秉枹，万人以为方阵。"韦昭注："鼓，晋鼓也。《周礼》：'将军执晋鼓'。建，谓为楹而树之。"《礼记·明堂位》："殷楹鼓。"注曰："楹，贯之以柱也。"建鼓在考古中亦有发现，如湖北曾侯乙墓、江苏泗阳大青墩西汉墓和山东危山西汉墓都有出土。建鼓亦可载于车上，载建鼓的车就是鼓车。鼓车在汉画上也有发现，如南阳唐河画像石和辽阳棒台子屯大墓壁画就有鼓车图像出土，这样的鼓车都是建鼓纵向植于车上。这些建鼓和鼓车，都有重要的历史和研究价值，亦是我们这次复原的重要参照物。

建鼓的复原依据车坑出土的建鼓残片，其结构和工艺都相当清楚，故复原比较容易。此外，车坑出土的鼓座也较完整，只要复制就行。困难的是，出土鼓柱仅存50厘米长一段，倘若复制则要定其高度。众所周知，先秦之车多是立乘制，故鼓手也是站立击鼓。故我们把鼓柱之高定在170厘米，鼓中心高度(距车舆底板)和曾侯乙墓的建鼓高度一样，定在约125厘米。同时参照汉画像石上的鼓车，使鼓的长轴和车同向，这样便于鼓手站立击鼓。鼓车的复原亦是依据车舆构件，其中轮、轴、辋、衡等的复原较为容易，因为这些木质构件都存在，有固定的形状和尺寸，复原和仿制都容易。此车复原的难点是车舆问题，这是复原能否成功的关键因素。前已述及，此车车軫是一个纵126、横98厘米的竖长方形，因此车舆平面也与之相当。这样的竖长方形车舆在先秦考古中比较少见，也有违《考工记》中三分车广，去一以为隧的论述，这可能是安装建鼓所致。建鼓必然占用空间，故车身加长是重要因素。一般来讲，建鼓都安装于车舆前部，这样乘者站在车轴一线便于击鼓，如杨英杰先生考证："战车多建楹鼓"，其位置"当是树立在轼前正中"。基于此，此车把鼓座横向安装于前軨之后，其前是前軨装饰板，其后是鼓座后隔板，由前后两块木板把鼓架牢牢地固定住。这样不仅增加了稳定性，突出了装饰板上的纹饰，也和出土的木质构件位置相符。由于车舆宽仅98厘米，而前軨装饰板就长达142厘米，故容不下横向放置的前軨装饰板、鼓座和鼓座后隔板，故这些构件的弧形部分直插舆底，而左右两端飞出，飞出后必然阻碍左右车栏的安装，故左右车栏只到鼓座后隔板为止，车栏和前轸并不连续。

车舆的前轸高为12厘米，长和舆宽相等，外表镶嵌车坑出土的青铜轸饰，下有3根短柱植于前轸。左右车栏设为两层，以竖置于车轸上的立柱为骨，每侧立柱4根，自前向后，高度依次是40厘米、23厘米、23厘米、60厘米，间距34厘米左右。后栏有短柱2根，高约23厘米，植于车门两侧。这些立柱都植于轸上，构成了车栏的纵向立柱。横向以轸的横木为主，是用皮条把横木和车轸上的纵木（立柱）连结，高约23厘米，形成了舆輢骨架，然后于横木之下均匀捆扎漆绘藤条。漆绘藤条和车坑出土的一样，有扁、圆两种，扁的竖立，圆的水平，自左右两侧立柱直到车后门立柱，均匀捆扎，形成了窗格形车輢结构，最后于两侧横木之上，系扣左右輢装饰板，于车舆后侧角柱上安装铜帽形器。对于骨质饰件和半圆形藤条，由于认识不清，暂不考虑。至此，此车的复原初步完成，形成一辆轮距约152厘米、舆广98厘米、舆深126厘米、輢高约40厘米、辀长约300厘米的车舆。复原后，此车朱毂墨轮、雕龙错衡、装饰精美、建鼓高耸，具体情况可参照附图。（图五九）

图五九　木雕鼓车
复原组装图

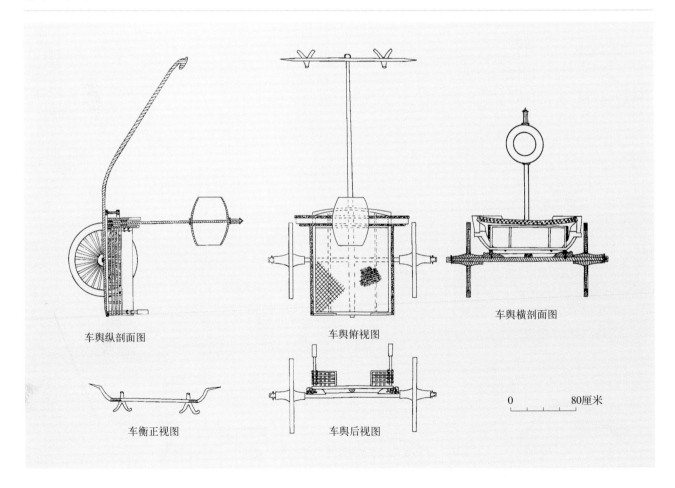

车舆纵剖面图　　　　　　　　　车舆俯视图　　　　　　　　车舆横剖面图

车衡正视图　　　　　　车舆后视图　　　　　0　　　　　80厘米

5.4 鼓车复原的意义和收获

通过复原研究，使我们对战国鼓车有了一定的了解，归纳起来大致有以下意义和收获。

5.4.1　中国古代车制一直是我国文物考古学界的重大课题。早在20世纪30年代，著名科技史专家王振铎先生就对古籍记载的指南车、击里鼓车复原研究。对考古出土的马车复原研究起步也早，20世纪中叶，台湾学者石璋如先生就对殷墟马车尝试复原。后来，杨宝成先生复原的殷商车，张长寿、张孝光先生复原的河南浚县西周车，夏鼐先生指导复原的河南辉县战国车等均取得一定的成就。1980年冬，秦始皇陵铜车马的发掘和修复更是举世瞩目的成就。近几年来，李森等先生复原的滕州前掌大商周车、张岱海等先生仿制的临猗程村春秋车亦取得卓越的成就。但是，这些复原和研究都是出土的兵车和乘车，对于鼓车涉及太少，而该墓鼓车正可弥补不足。通过模拟复制，可以得到一辆装饰精美的先秦鼓车，是研究古代物质文化史的重要资料。同时，该车构件保存较好且榫卯俱全，这是文物考古界梦寐以求的实物资料，经过解剖可以了解古代车制工艺，解决一些悬而未决的问题，是一批非常难得的资料。此外，该车还涉及木雕、骨雕、青铜铸造、髹漆漆绘、皮革捆扎、藤器加工等诸多工艺，是研究古车和装饰工艺的难得资料。通过实测和复制，我们发现，该车具有轮径过小、车轴偏短、车身偏长、装饰华丽的特点。同时，该车的曲衡是西周车的常见形制，而板状车栏是汉代双辕车时才流行的，因此，该车和已知的战国兵车、乘车差异较大，有可能是特为安装建鼓而制造。通过模拟复制，我们对战国鼓车有了进一步的了解，积累了一定的经验和资料。

5.4.2　此车装有大量浮雕蟠螭纹装饰板，似龙非龙的纹饰非常精美，是车主人高贵身份的象征，《史记·礼书》"弥龙所以养威也"可证。此车所载的建鼓相当少见，载鼓的马车就是鼓车。一般来说，鼓车是礼仪之车，这在汉画中有较多表现，如上文提到唐河画像石就有鼓车的图像。该画像前有2个执驾导骑，后有2辆轺车。前车树建鼓，鼓上有羽葆，2人击鼓。后车撑伞盖，乘有主人和驭夫。轺车前加鼓车者甚为少见，《汉书·韩延寿传》："延寿衣黄纨方领，驾四马傅总，建幢棨，鼓车歌车。"可见，达官贵族出行时才有鼓车。但鼓车更多的是用于军事，是古代战争中将帅指挥作战的信号工具，故古代交战时双方必有鼓车，击鼓是将帅的职责之一，这在典籍中有大量记述。如《左传·庄公十年》记齐鲁长勺之战"公将鼓之。"《公羊传·宣公十二年》记晋楚邲之战"庄王鼓之，晋师大败。"《左传·成公二年》记齐鲁龙之战"齐侯亲鼓。"《左传·成公二年》记晋之伐齐，郤克将中军，"流血及屦，未绝鼓音。"《左传·哀公二年》记晋郑铁之战后，主将赵鞅说："吾伏弢流血，鼓音不衰。"故《诗·清水》郑笺："兵车之法，将在鼓下，故御者在左。"从此车装饰华丽上似是礼仪之车，但出土的矛首衡末铜饰又是战车才有。因此，此车平时战时皆能使用，是一辆平时用之礼仪活动战时用作指挥作战的车舆。

5.4.3 此车木质构件保存较好，这在我国数不胜数的车马坑考古中非常罕见，因此，这批木质车舆构件的保护意义重大，是研究古代车制的难得实物。在保护过程中，这些木质构件经脱水处理后竟奇迹般地保存下来，说明我国的文物保护技术已达到相当的水平。在脱水保护过程中，这些木质构件都得到科学的检测和鉴定，获得了一批有重要价值的资料。从鉴定结果来看，此车构件主要由檫木、桐木、梓木三种木材组成，其中，檫木制车衡车轵、桐木制轮牙和轴、梓木制雕花木板。据古籍记载，我国古代的车舆用材有严格规定，如西周车舆多由檀木制成，故西周车舆称为檀车，如《诗·小雅·杕杜》"檀车幝幝"、《诗·大雅·大明》"檀车煌煌"可证，而汉代车轮用材已不止檀木一种，根据部位而选用不同的树种，如东汉经学家郑玄《考工记·轮人》注云："今世毂用杂榆，辐以檀，牙以橿也"可证。而此车的用材违背了当时车舆用材的一般常规，特别是轮牙和轴的材质最为突出。

据南京林业大学木材鉴定报告得知，运河村战国墓木雕鼓车所用树种较杂，达8种之多，一方面表明当时制作时周围环境中可获得的木材树种丰富，另一方面表明鼓车不同部件选用不同树种也是合理的，因为车的不同部件受力差异很大，特别是车轴、车辐、车毂、轮牙等受力大，要求木材硬重，尤其是能经受冲击，抗震性好。这些木材的树种选用非常合理，表明当时制车人对木材的性能的了解和鼓车不同部件的压力状态掌握了较高的技术。

六　木雕鼓车的模拟复制

　　淮安运河村战国墓木雕鼓车的保护和修复是国家重点文物保护项目，模拟复制是其中的一项重要内容。为了给下一步的组装复原积累资料和经验，故首先开展模拟复制。该车的模拟复制是在复原研究的基础上，主要是根据出土构件来制作，但也不是机械的对出土实物的模仿和照搬，而是结合古籍记载和出土实物，对这些车舆构件进行考古学和文物学研究。这些木质车舆构件因在地下已埋藏了2000多年，长期经受挤压和侵蚀，不可避免地产生腐烂和变形，因此，在模拟复制时要充分考虑这种变化，对实测数据作出适当调整和变通。同时，我们又运用现代科技手段，对车舆构件和漆材进行科学鉴定和分析，为模拟复制提供了科学依据。通过鉴定和分析，我们获知该车之轮牙是由一长一短的两根桑木揉制而成，符合《荀子·劝学篇》中"木直如绳，揉以为轮，其曲中规，虽槁暴不复挺者，揉使之然也"的记述。其接口都是平口对接，不是学者所称的斜口对接或搭口榫接，丰富和充实了古车工艺。该车的车辐是用麻栎制成，不同于《诗经》中"伐木檀檀"的记述，由此说明，此车是就地取材，因本地自古以来就没有檀木。其车辐和轮牙的连接采取的是通榫通孔的方法，亦不同于学者半榫半孔的论述。该车之车辁是用一根桑木揉制弯曲而成，这样的车辁也是首次发现，是最能体现古代车制工艺的车舆文物。该车之轴是用榆木制成，轴上的伏兔是用槐木雕刻成蟠龙形，伏兔张口吐舌、曲颈扬尾，雕刻精美，造型生动，是迄今为止考古出土的最精美伏兔，伏兔和轴用木钉连成一体，上有承辁的凹槽和车辁咬合。这样形式的伏兔和秦始皇陵1号铜车上的伏兔形制一样，完全不同于日本学者林已奈夫和当代学者张长寿对伏兔的论述，因此，该伏兔的出土和复制，从另一侧面佐证了秦始皇陵1号铜车伏兔的正确性，从而为解决这个多年的疑难问题提供了实物证据。该车之木雕板都是用樟木精心雕刻而成，其上的蟠螭纹若龙若蛇，相互缠绕，以四方连续的方式展开，为迄今以来考古发掘中所仅见。在模拟复制中，我们聘请有丰富经验的雕刻工匠照原样复制，达到惟妙惟肖、以假乱真的效果。该车之建鼓是用一整段檫木刳挖而成，我们参照出土实物进行了复制，达到了预期效果。该车之漆材是用天然生漆佐以植物和矿物颜料，在模拟复制中，我们聘请扬州漆器厂的漆工运用天然生漆和传统工艺，达到了非常好的效果。因此，该车是由桑轮、桑毂、榆轴、桑辁、檫鼓、樟木雕板和竹丝编织的车茵等多种构件组成，选材具有科学性和多样性，完全符合结构力学和材料科学原理，是一辆经过严格设计和计算的实用车舆。在模拟复制中，我们均选取和原件同等或相近的材料，参照古代工艺，成功模拟复制出先秦时期的木雕鼓车，同时，在模拟复制过程中也解决了一些悬而未决的疑难问题，在古代车制的研究中，做到了有所发现、有所发明、有所创造。

在木雕鼓车的模拟复制过程中，项目组成员本着严肃认真的工作态度、科学求实的负责精神，遵照国家文物局文物模拟复制的要求，严格把关，以该木雕鼓车出土构件为标本，从造型、制作、组装等方面均作了努力。由于项目组绝大多数成员都亲自参加了该车的出土和发掘、复原和研究，对这一组珍贵文物都非常熟悉，对其出土位置和保存现状也比较清楚，充分了解各个环节的关键和要求，因而工作起来难度不是很大。在模拟复制过程中，尽量采用原制作工艺，木质构件的尺寸和大小也完全忠实于原车实物。因此，该项目的实施过程为"实验考古学"的一个实践过程，使模拟复制的木雕鼓车具备了考古学和历史学等研究角度所应具有的科学性。通过模拟复制，加深了对该车的理解和认识，为做好下一步原件的保护和修复奠定了基础。

6.1 模拟复制方案的制订和论证

该车的复原方案一直是我们密切关注的问题，早在2004年，我们就将该课题上报省、市文物局，要求开展对该车的复原研究。2005年，经江苏省文物局审核批准，该车复原研究课题列入2005～2006年度江苏省文物科研课题，正式启动了该车的复原和研究。2007年3月，国家文物局文物博函[2007]230号文件下达，将其列入国家重点文物保护项目，模拟复制为其中的一部分。

中国古车复原研究特别是先秦马车的复原研究，一直是中国文物考古界的重要课题，许多学者都进行了探索和研究，也取得了先秦马车的复原经验和阶段性研究成果。如杨宝成先生复原的河南安阳郭家庄出土的殷商车、张长寿先生复原的陕西长安张家坡井叔墓地出土的西周车、渠川福先生复原的太原金胜晋国赵卿墓出土的春秋车、袁仲一先生复原的秦始皇兵马俑坑出土的1号铜车和2号铜车，都取得重要成果。为了学习其他文博单位的先进经验，借鉴他们的复原成果，我们两度赴陕西、河南、甘肃、山东等地考察，与有关专家进行了座谈和交流，返回后再结合运河村战国墓木雕鼓车的具体情况，进行复原方案的制订和研究，方案初步制定后又广泛征求专家意见。对此，中国社会科学院考古研究所张长寿先生，国家博物馆朱凤瀚、潘路先生，陕西秦兵马俑博物馆袁仲一、朱思红先生，太原市文物考古研究所渠川福先生，中国文化遗产研究院胡继高、马清林先生，南京博物院奚三彩、万俐、王金潮等先生都专门回信或回电，提出了很多宝贵意见。在认真听取专家意见的基础上，我们又进行了补充和修改，使复原方案几上几下，趋于完善和成熟。现该复原方案已在《中国典籍与文化》全文发表，此外，《中国文物报》、《文博》等学术报刊也作了报道和介绍。因此，淮安运河村战国墓木雕鼓车的复原不是闭门造车，也不是根据典籍文献而作的纯学术研究，而是在考古发掘的基础上，依据出土实物而进行的实践和探索。同时，在此过程中，我们对全国各地进行了考察和调研，学习和借鉴了其他文博单位马车复原的成功经验，基本达到国内古车复原的先进水平，为中国先秦马车的复原提供了成功范例，是迄今为止第一辆成功模拟复制的木雕鼓车。因此，该方案具有较高的科学性和可行性，实现了考古资料和古代典籍的对接，得到了国内著名古车研究专家和文物保护专家的认可。

6.2　木质车舆构件是模拟复制的实物依据

淮安运河村战国墓木雕鼓车的车舆构件是迄今以来考古发掘中唯一保存最好的木质构件，这是本车复原的基础，也是本车复原的最大优势条件。迄今为止，经考古发掘的先秦车马坑数不胜数，出土的马车也有近千辆之多，但这些马车多出土于我国北方，在湿润多雨的南方相对稀少。但北方干燥环境下的车舆往往保存较差，故而所提取的信息有限，只能根据木灰残痕和不同土色来决定车舆构件的尺寸大小。据此而复制的马车可能先天不足，在真实性和准确性方面也失真不少。运河村战国墓的木雕鼓车由于出土于淮河下游的河湖地区，因地下水位过高而使车舆构件保存较好，这是目前全国各地出土的保存最好的一辆先秦马车，其轮、轴、舆、辀、軨等车舆构件相对齐全，是唯一一辆可供实测的车舆实物，据此可以开展多方面研究，亦是模拟复制的重要基础，故在考古学和历史学的研究上意义重大。这些木质车舆构件都经过脱水处理，有固定的形状和尺寸，都受到妥善的安置和保护，可以反复测量和检验，作为车舆文物标本和参照物。这是其他地方都没有的条件和优势。该车的构件就是依据考古出土的实物构件来模拟复制，其具体形状和尺寸都有实测数据，不是机械的对出土实物的模仿和照搬，而是结合古籍记载和出土实物对这些车舆构件进行考古学和文物学研究。

该车构件保存较好，具有复原的条件和基础。为了探讨战国鼓车，为古代车制研究提供借鉴和参考，故开展复原研究。在复原中，为了保护出土构件，避免构件在复原中遭受损坏，故复原时不用原车构件，而是采用仿制的方法，按照出土构件的形状和尺寸，参照传统工艺方法逐一仿制车舆构件。在仿制中，以出土构件为本，原大小原样复制，争取惟妙惟肖、恰到好处。如轮、轴、辀、衡、建鼓、鼓座等就是采用这种方法。因为这些构件都存在，在现代技术条件下仿制起来较为方便。而对于变形和严重损坏的构件，首先参照同期车舆构件进行校正和修复，绘制成图，然后再仿制构件。如本车的车轸就是采取这种方法。由于车轸是承重部件，又是由传统工艺揉制而成，出土时仅有两角及数段轸木，其余严重朽烂无法拼接，不能复其旧貌，故在复原中采取推算的方法，由左右伏兔承轸凹槽的间距定其舆宽，而舆长则由车前后的函轸凹槽决定。对于鼓柱也是如此，因出土时仅余50厘米长一段，故复原时要定其高度。对此，我们参照曾侯乙墓的建鼓鼓柱，鼓高125、鼓柱高约170厘米。对于木雕板及其装饰工艺也是采取同样手法仿制，不仅和原件大小一致，纹饰和装饰工艺也基本相同。仿制完成后进行组装，组装中参照秦陵1号铜车的连结方法，主要构件如轴、辀、衡、軫、輮等皆用皮条绑缚，车底由藤条编织而成，所采用的多为柔性结构。组装成车后进行装饰，依次安装木雕板、鼓座、骨雕饰件、青铜饰件和漆绘饰件，最后安装鼓柱和建鼓。组装后轮距152、轮径91.7、舆广98、舆深126、輮高40、辀长300厘米，是一辆朱毂墨轮、雕饰华美的独辀鼓车。由复原可知，该车具有轮小、轴短、舆长而装饰华丽的特点，是一辆别具一格的小型车舆。此外，该车的装饰非常精美，尤其是蟠螭纹木雕板最具特色，似龙非龙的浮雕相当少见，是车主人高贵身份的象征和标志。对此，《史记·礼书》"弥龙所以养威也"，《后汉书·舆服志》"乘舆……金薄缪龙，为舆倚较"都有记载。车舆上的装饰变形云纹也符合古代文化，人乘此车有腾云驾雾、飞龙上天的感觉，《楚辞·九歌》"乘龙兮辚辚，高驰兮冲天"可证。因此，该车具有重要科学、历史和艺术价值。该车的发现和复原不仅是近年来车马坑考古的重要发现，也是近年来古车研究中的可贵探索。

6.3 木雕鼓车木质构件的模拟复制

这些木质车舆构件因在地下已埋藏了2000多年，长期经受挤压和侵蚀，不可避免地产生腐烂和变形，因此，在模拟复制时要充分考虑这种变化，对实测数据作出适当调整和变通。同时，对模拟复制中的木材也作了特殊选择和处理，其材料都取自同墓出土的木椁板，木椁板都经过南京博物院文物保护研究所的脱水处理，在加工之前又进行了除霉灭菌和干燥处理。故我们分门别类，对轮、轴、軫、辀、輮、建鼓等木质构件分别制订方案，进行模拟复制。

6.3.1 车轮

本车有2个轮，每轮由1毂、1牙、28辐组成，三材俱备，缺一不可。故在模拟复制时，我们首先根据出土实物绘出线图，然后结合实物和线图进行模拟复制，程序如下：

（1）轮牙：原车轮牙是在外力和加热的条件下用直木揉制而成，这对于现代木工来说是个很大的难题，加之没有这样的木材，故在模拟复制时改成传统四木合圆的榫卯结构以代替火烤揉制。

（2）车毂：原车之毂是整木制成，故模拟复制时也选用整木，制作时依据原车毂之图样，用木工车床加工制作，车制后制作28个纳辐的槽孔，以便纳辐。

（3）车辐：每个轮有辐28根，依据出土实物，轮牙上的榫孔分为通榫或半榫，故在模拟复制时将车辐分为长短两种，即长的为通桦，短的为半桦车辐。

（4）组装：车轮之牙、辐、毂模拟复制完成后进行组装。组装时先完成辐、毂的结合，再完成辐、牙的结合。特别是轮牙不能先成圆再装辐，而是要预留一段牙片，等到装辐后再成圆。成圆后要进行校正、检测，检查是否致密均匀，有无偏转失衡状态。然后用预先设计好的夹具进行固定、捆扎，待胶凝固后，检查胶缝接合情况，对缺胶处进行补胶，对"流淌"的胶液应进行清理。（图六〇）

6.3.2　车轴和伏兔

轴是车舆的重要部件，且是承重部件，故轴的模拟复制，要十分注意模拟复制后的强度，以免发生因轴折而造成整车崩塌的事故。伏兔在轴上，上有函轵的凹槽下有函轴的凹槽，利用木质销钉固定于轴上。其模拟复制程序如下。

（1）伏兔：该车之伏兔躯体呈蟠龙形，张口吐舌、曲颈扬尾，反向匍匐于车轴之

图六〇　复制的车轮

图六一　复制的伏兔

上，雕刻精美，造型生动，是迄今以来发现的最精美的伏兔之一。在模拟复制时，我们依据出土实物绘出线图，然后将线图复于板材上，聘用有丰富经验的木雕工匠进行模拟复制和雕刻，使模拟复制的伏兔和原件尺寸相同、纹饰一致（图六一），具有原木雕件的相似韵味和特色。

（2）车轴：轴用整根木料加工而成，中段是长约114厘米的扁圆柱体，截面5.4厘米×3厘米，左右是长约46厘米的圆柱体，直径4.6厘米，至两端急收，轴端直径3厘米。故在模拟复制时，我们首先根据出土实物绘出线图，然后结合实物和线图进行模拟复制。板材上选择樟板的中心部位，然后在具体施工中将轴的尺寸作了适当调整，确保了轴的强度。

（3）组装：轴和伏兔各自模拟复制好后组装，组装仍按原来的方法，用

图六二　复制的车轴

木质销钉将轴和伏兔固定，最后，对组装好的轴和伏兔全面检查，确定是否坚挺牢固。（图六二）

6.3.3　辀

辀用一根木料火烤揉制而成，长约300厘米。特别是出辀处的弧线上扬部分，因没有这样的木材，故模拟复制的难度很大。为此，改用榫卯拼接的方式代替火烤揉制。辀的模拟复制大致有下列程序。

（1）选料：因为辀的出辀处弧线上扬角度比较大，故选材时分成两步。首先选用强度比较高的樟板作为辀尾平直部分，并且在尺寸上稍作调整，保证承重强度；然后选择辀首部分，用榫卯结构连接辀首尾部分，保证辀的线条流畅变化自然。

（2）拼接：辀的前后段部分的拼接都采用销钉加固。销钉拼接时先在表面钻孔，然后安装销钉。销钉拼接时再辅以高强度黏合剂，使其具有一定的强度。

6.3.4　舆底

舆底即车底，相当于车舆的底盘。车舆及载荷都由其承载，是个坚挺的结构。本车之舆底由軨、桄、藤床、茵四部分组成。

（1）軨：原车之軨是由整木弯曲揉制而成，这对于现代木工来说是个很大的难题，加之没有这样的木材，故改成榫卯结构以代替火烤揉制。另外，考虑到軨的承载问题及车軨在地下朽蚀缩减之因素，故在軨的尺寸上作了适当调整。

（2）桄：桄是车軨内的两根支撑件，主起支撑加固作用。这两根桄都是用上平下圆的条形木料制作，然后连接于前后軨。

（3）藤床：藤床是车底的藤编。由于出土时藤床已大部分腐烂，只能依据车軨尺寸绘出大致线图。模拟复制时因购置不到直径0.8厘米的圆柱形藤条，遂纵向改用直径0.8厘米的圆柱形柳条代替，横向用宽0.6、厚0.15厘米的扁平藤条，两者垂直相交编织而成。

（4）车茵：车茵即固定于车底之竹席，是用细竹丝编织。在模拟复制时，聘请了具有丰富经验的编织工匠，用宽0.3厘米的竹丝精心编织而成。

（5）舆底的组装：舆底之軨、桄、藤床、车茵模拟复制完成后，进行舆底组装。组装时首先将车軨成形，然后安装桄。桄是纵向安装，和辀平行，并在辀的两侧，以榫卯结构安装于前后车軨。桄安装后对车軨框架校正，进行平衡和角度检测，检测无误后固定藤床，将编织好的藤床固定于车轸，藤床之上再安装车茵，车茵和藤床一样亦是用木条和销钉固定于车轸。

6.4 木雕装饰板和木雕构件的模拟复制

该车的木雕工艺有圆雕、浮雕、阴线雕刻三种，其中，圆雕用于伏兔，浮雕用于木雕板，阴线雕用于木雕板的口沿等装饰。该车的木雕板是迄今以来考古出土的最精美的木雕板，刻有蟠螭纹和变形云纹图案，浮雕蟠螭纹若龙若蛇，相互纠缠，以四方连续的方式展开，构成了极其精致的艺术图案。满刻浮雕蟠螭纹的木雕板是迄今以来考古发掘所仅见，是本车最重要的装饰和特色，其模拟复制程序如下。

（1）雕花木板1：长142.5、宽42、厚3厘米，一面雕刻蟠螭纹，板口刻有云纹图案。在模拟复制时，首先依据出土实物绘出线图，然后选用同墓出土的木椁板中的优质木材金丝楠木，聘用有丰富经验的木雕工匠，按照实物尺寸和纹饰进行模拟复制和雕刻。（图六三）

（2）雕花木板2：长135、宽37、厚2.5厘米，上方有一条宽6厘米的蟠螭纹雕花纹带，反面有宽13厘米的蟠螭纹雕花纹带，口沿上有纹饰。其模拟复制的方法大致和雕花木板1相同。（图六四）

（3）雕花木板3：左右对称的2块，长105、宽16、厚2厘米，一面满刻蟠螭纹，口沿上有云纹图案。其模拟复制的方法大致和雕花木板1相同。（图六五）

（4）建鼓：鼓身长56、口径29、腹径46厘米，外髹黑漆。鼓腔原是用一段圆木刳挖而成，这对现代木工来说是个难题，这种原始工艺在今天已遭淘汰，加之出土椁板尺寸的限制，为此，模拟复制时不得不进行调整和变通，采用木板拼接的方法来处理。鼓身模拟复制完成后进行髹漆，最后进行补配鼓面，鼓面选用合适的

图六三 复制的雕花木板1

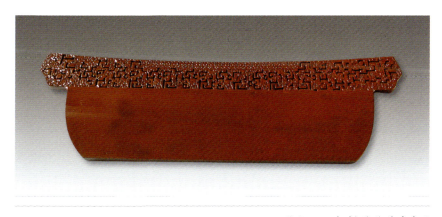

图六四 复制的雕花木板2

图六五　复制的雕花木板3

图六六　复制的建鼓

图六七　复制的鼓座支架

牛皮，用竹钉钉于鼓两端。外用铜质鼓钉，以求和谐。（图六六）

（5）鼓座：鼓座是由长137、宽28、厚7厘米的木板剜挖而成，上部为长137、宽7厘米的矩形平面，上口及两端有齿形刻槽。在模拟复制时，因出土椁板尺寸的限制，不得不进行调整和变通，采用木板拼接的方法来处理。（图六七）

为此，在木雕板及木构件的模拟复制中，我们充分注意到木雕板的形状和尺寸、纹饰的分布和方向、雕刻的深浅和刀法、蟠龙的交结和连续、变形云纹的自由变化而又不拘一格等，使模拟复制的木雕件不仅和原件一致，且颇具古韵。在该车的模拟复制中，一共模拟复制了6件木雕件，每件都和原件尺寸相同、纹饰一致。现在看，木雕件的模拟复制是成功的，具有和原木雕件相似的韵味和特色。

6.5　青铜车器的模拟复制

青铜车器的复制由南京博物院进行，为此，我馆向其提供了文物样本。文物样本和木雕鼓车同时出土，本身就是此车之车器。在选取文物样品时要考虑尺寸大小，使之安装时适当，不会因过大或过小而不适。根据木雕鼓车的出土及研究状况，共选择了5件车器作为文物样本，使之按此标准进行复制。在青铜车器的使用上坚持宁缺毋滥的原则，使之有完整的文物标本作为模拟复制的最基本条件，不过分追求奢华，不做不可靠之事。每件车器的复制都有理有据，符合考古发掘和古籍记述，5件车器都有车坑出土的实物例证，和车舆木质构件配套，故可证明是此车之铜器。而对于情况不明或残缺过其现在还没研究清楚的车器，或还存有某种争议疑惑不清的车器则暂且不复制和采用，留待下一步研究和处理。在南京博物院的支持下，5件车器复制成功，不但大小相同，纹饰也基本一致，5件车器是青铜暂辖2件、管状圆筒器2件、锥形管状器1件。

6.6 组装和总装

木质车舆构件模拟复制和青铜车器复制完成后进行组装和总装，组装是分组安装，如轮的组装是牙、辐、毂的组合，轴的组装是轴和伏兔组合，舆的组装是轸、桄、藤编、车茵的组合，建鼓的组装是鼓柱、鼓座、建鼓的组合等等。总装是在组装已完成的情况下，采取自下而上的方针，按轮、轴、辀、舆、鼓、青铜饰件等顺序进行。在总装时慎用现代木工习惯的榫卯结构，运用古人习惯的皮条捆扎方法进行。这是因为皮条捆扎是柔性结构，修复方便而又耐土路颠簸。故总装时各关键部位都由皮条捆扎，使之符合古车的实际，也和古代的路况相符。（图六八、六九）

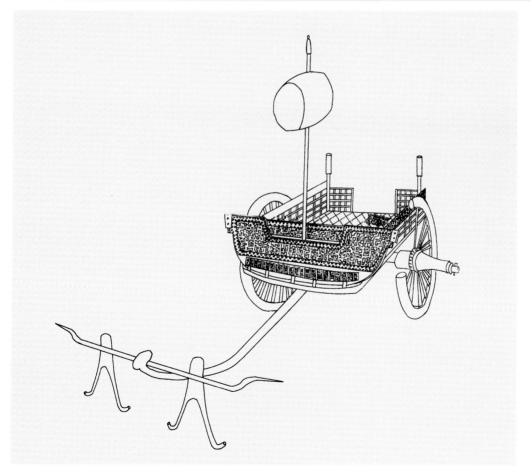

图六八　木雕鼓车
模拟复制示意图

图六九　模拟复制的木雕鼓车

6.7 髹漆和漆绘

　　因古代没有调和漆，而使用生漆，故原车就是使用生漆。对于模拟复制之木雕鼓车，为了和原车一致，故油漆时不用现代调和漆，使用生漆，以求原汁原味和原车一致。漆好后又进行做旧处理，使之有历史沧桑感，和历史文物风格一致。鉴于这种考虑，决定使用生漆原料，用传统工艺进行油漆。其模拟复制过程如下。

　　（1）将模拟复制好的木雕鼓车所有木构件进行补缝、打磨、表面清洗。

　　（2）根据原木雕鼓车出土时漆皮观察，雕花木板、鼓座、轮牙和车毂油漆颜色是黑色泛红，其余部件为黑色。因此，调色时分成两部分来处理，将色彩调成和原车漆色一致。

　　（3）为了达到理想的效果，将手工刷漆改为喷漆，既避免了漆刷留下的刷痕，又克服了器物表面流淌悬挂现象。

（4）为了达到要求，做到万无一失，特地从江都聘请原扬州漆器厂会使用生漆的朱元璋老先生作指导。按他多年来使用生漆的经验，在生漆干燥过程中，将温度调整为10℃，相对湿度调整为80%～90%。最终经过反复多次清洗、披麻、磨光、上漆等工序，油漆完工后，达到和原车一致，符合标准。

油漆完工后进行漆绘，此车有漆绘藤条两种，一种为宽1.3、厚0.3厘米的扁平藤条，另一种为直径0.5厘米的圆柱形藤条，两种都应是舆栏上的装饰物。在模拟复制时，因购置不到此种规格的藤条，改用木条代替。具体方法是在打磨好的木条上喷黑色底漆，经过三次反复打磨，然后在黑色底漆上绘红色云纹图案。为此，特聘用专业画师对照原车图案进行漆绘，漆绘完工后，基本和原车一致，符合标准。

6.8　模拟复制取得的学术成果

淮安运河村战国墓木雕鼓车的模拟复制成功，为大型木质文物的模拟复制提供了范例。通过模拟复制，不仅使我们得到了一辆雕刻精美的木雕鼓车，同时也为淮安市博物馆增加了一件可供陈列的精美展品，这件展品将为开展社会主义精神文明建设和社会教育服务，也会受到广大市民的欢迎和喜爱。目前，在全国范围内，这样的木雕鼓车仅此一辆，其社会效益显而易见。在该车的模拟复制过程中，项目组经过探索和实践，摸索出一套先秦时期木雕鼓车的模拟复制方法。这种方法对下一步该车的保护和修复无疑积累了知识和经验。因此，该车的模拟复制具有重大意义，推动了出土文物的保护和基层文博事业的发展。

淮安运河村战国墓木雕鼓车的模拟复制成功，也加深了我们对该车构件的认识。如原计划安装于舆栏两侧的木雕板，经复原时反复研究论证，现已作为车耳，安装于车舆两侧。阮元《考工记车制图解》云：“言车制者，皆以为直輈，由不解车之有耳也。”车耳，古称轵，又称轓，反出于车耳之上，以作美化和屏蔽尘土之用也，亦是车主人等级身份的标志，故《汉书》有“朱左轓”、“朱两轓”之分。此车的模拟复制，为研究古代车制提供了实物例证，亦是研究古代礼制的实物资料之一。

淮安运河村战国墓木雕鼓车的模拟复制，为研究和探索古代工艺提供了条件。《考工记》云：“一器而工聚者，车为多。”可见造车需要多种工艺。《考工记》中记载的诸多造车工艺在该车都有具体体现，从中可看出战国时期的车舆制作，已达到相当的水准，如该车的轮、轴、辋、毂等主要构件都是由一根木料揉制而成，这是古代传统工艺，亦和文献记载相符。该车的装饰也是一大特色，其上不仅有雕刻精美的木雕板，还有一定数量的青铜饰件、骨质饰件、漆绘饰件，是迄今为止所出土的豪华车舆之一，充分说明古代手工业的高度发达，是研究古代手工业和装饰工艺的重要实物资料之一。通过模拟复制，我们对古代手工业和装饰工艺有了进一步的了解，加深了对古代手工业和装饰工艺的认识。

淮安运河村战国墓木雕鼓车的模拟复制，为研究古代木雕艺术提供了条件。迄今以来，考古出土的青铜器数以万计，但出土的木雕制品非常少，而该木雕鼓车正可弥补此不足。从木雕工艺上看出其纹饰和战国青铜器上的同类纹饰一样，都是以蟠螭纹为主题纹饰。青铜器上的蟠螭纹是印模法制作，故千篇一律，缺少变化。木雕上的蟠螭纹是古代工匠手工雕刻而成，故线条流畅，生动自然。通过模拟复制，我们加深了对古代木雕工艺的研究和认识，为下一步全面修复创造了条件。

淮安运河村战国墓木雕鼓车成功的模拟复制，为研究古代鼓车提供了条件。迄今以来，考古出土的先秦马车虽数以千计，但出土的鼓车非常少，而成功模拟复制的仅此一辆，故在实验考古学上具重要意义。一般来说，鼓车是礼仪之车，这在汉代画像石上有较多表现，但鼓车更多的是用于军事，是古代战争中指挥作战的信号工具，故古代战争中双方都有鼓车，击鼓是将帅的职责之一。如《左传·庄公十年》记齐鲁长勺之战"公将鼓之"，《公羊传·宣公十二年》记晋楚邲之战"庄王鼓之，晋师大败"，《左传·成公二年》记齐鲁龙之战"齐侯亲鼓"，故《诗·清水》郑笺："兵车之法，将在鼓下，御者在左。"因此，该车的成功模拟复制，不仅使我们得到一辆可供陈列的木雕鼓车，也填补了先秦鼓车的空白。概言之，该车的模拟复制的意义是多方面的，在考古学和历史学的研究中具有重要意义和价值。

2009年5月14日，受国家文物局委托，江苏省文物局组织有关专家在淮安市

图七○　木雕鼓车模拟复制项目验收会

博物馆对木雕鼓车模拟复制进行验收。（图七〇）专家组听取了项目负责人的情况汇报，现场勘验复制木雕鼓车，经论证形成如下意见。

　　一　该车是依据出土实物复制，根据各个构件的固定形状和实测数据复制，具有科学性、真实性。

　　二　复制过程中，由南京林业大学对木质构件进行了木材种类的鉴定，由中国科技大学对漆层成分进行了鉴定，为选择合适的模拟复制材质和漆料提供了依据。

　　三　模拟复制采用了相同或相近的木材和天然生漆，聘请经验丰富的工匠，采用传统工艺进行复制，达到了较好的效果。

　　四　在复制过程中，还进行了实验考古，为下一步木雕鼓车的保护和修复积累了经验和资料。

　　五　模拟复制工作已经完成，其形制和工艺都与出土原件基本符合，达到预期目标，验收合格。

七　木雕鼓车主体构件的修复

在南京博物院文物保护科学技术研究所的精心操作下，木质构件的脱水保护已全部完成，由于这些构件长期埋藏地下，遭到严重侵蚀和挤压，故都受到不同程度的破坏。虽然从表面上看，有的构件出土时相当完整，但实际上，内部的纤维结构已经破损，稍有动作就破裂成碎片，故在脱水过程中，经过清洗、搬运、加热、浸泡、干燥等若干程序，虽然采取了谨小慎微的精心操作方式，仍不可避免地会造成木质构件的解体和损坏。尤其油漆脱落最为普遍，有些构件因油漆脱落已失去光泽。故脱水之后要对木质构件重新调查，以便掌握构件现状和变化。但这次调查已不同于出土时的调查，要比出土时的调查严格细致得多，要和出土时的调查资料对比，发现和纠正以往的错误，给予正确的定位和认识。主要是为构件和整车的修复奠定基础，从而制定出切实可行的修复方案。为此，在实施修复前我们做好了以下工作。

第一，鼓车构件的查勘和调查（考古资料、文献资料、受损状况、制作工艺）。

第二，鼓车构件的编号和测量（过去分类错误的要进行纠正）。

第三，鼓车构件的摄影、绘图。

第四，分析检测：

（1）木构件材质树种的鉴定（从南京林业大学树种鉴定报告来看，鼓车构件是由麻栎、槐树、桑树、榆树、檫树等木材组成）。

（2）木构件的化学成分分析。

（3）脱水后所含有害物质的确定（脱水后木质构件上有白色粉状晶体析出，应是脱水药品的残留，是否对构件有害，是否会影响到构件本身的保护修复，要进行检测论证）。

第五，工艺特征的调查验证（对照文献资料进行鼓车构件工艺特征的考察，充分了解古代工艺特点，为下一步的修复创造条件）。

上述工作完成后，如何将残缺、断裂、变形的构件进行整形、拼合、组装，是保护过程中不可缺少的环节，也是该车的保护修复中最重要环节。具体到每个构件的修复，因材料、工艺、损坏状况不同，采取的方法也不同。为慎重起见，采取先修构件然后组装的方法。先分门别类对轮、轴、轸、辀、辕、建鼓等木质构件分别制订方案，根据实物绘出线图，然后再实施修复。

为了全面反映木质车舆构件的修复过程，在下面的分项叙述中将拟定的修复方案记录在前，再将实际操作的步骤与方法补充其后。在实施修复中尽量保持出土构件的原真性，对其形制不做人为改变，结合实际情况对原拟定的修复方案进行调整和完善。

7.1　车轮的修复

《考工记》曰："察车自轮始。"故我们先修车轮。本车2轮2毂，每个轮有辐28根，故轮由毂、辐、牙三材组成。《考工记》曰："毂也者，以为利转也；辐也者，以为直指也；牙也者，以为利抱也。"故每个轮由1毂、1牙、28辐组成，三材俱备缺一不可，先看右车轮。

7.1.1　右车轮

7.1.1.1　轮牙

此车之轮牙是在外力和加热的条件下揉制而成，《荀子·劝学》："木直中绳，揉以为轮，其曲中规，虽槁暴不复挺者，揉使之然也。"可见先秦之轮牙都是用直木揉制。但此轮牙有约30厘米长一段因变形较大，不能合圆，不是整形所能解决，故要更换此段。其余部分虽已断成7段，但可以进行修复，故右轮牙之修复程序如下。

（1）补配：因有一段变形较大，故要补配。补配要用同种木材制作，和原件形制一样，不能失真。

（2）拼接：此轮牙已断成7段，加上补配的一截，共8段，断口9个。断口清晰，大都在辐、牙相接的榫卯处，因截面脆弱故而断裂。倘若在断口处加以销钉，因断口面太窄难以钻孔，如用高强度黏合剂，则粘接面太小也很难奏效。是否采取金属加强件的方法，在断裂处钉以薄钢板或薄铜板，用薄钢板或薄铜板加强轮牙的拼接，否则，唯恐纯用高强度黏合剂难以奏效。

（3）粘接：将断裂构件粘连一体，可采用高分子材料粘接剂粘接。其过程是在其断裂面先进行表面处理，清除断口的污染物，然后将配制的15%～20%浓度的胶粘剂B72树脂均匀地涂在粘接面上，涂胶时应注意涂胶不要过多或过少，以免造成胶液"流淌"或缺胶。涂胶后，按预先编号的部位进行粘接，并用预先设计的夹具进行固定、捆扎，待胶凝固后检查胶缝接合情况，如缺胶则进行补胶，对"流淌"的胶液应进行清理。

（4）做旧：右轮牙各段经修复连接成整体后，粘接痕迹暴露无遗，有碍观赏。为便于展出、观赏，对修复的构件应做旧处理，通过做旧使色调和谐，看不出修补的痕迹。

7.1.1.2　车毂

车右轮之车毂保存较好，脱水后木质坚挺，只是发掘时操作失误，被民工铲成一大一小两截，只要粘接即可恢复完整，粘接用高分子黏合剂即可。粘接因

图七一　修复后的右车毂　　　图七二　补配的左车毂　　　图七三　修复后的左车毂

接触面积大，只要操作到位，应该有较高的强度，如若强度不高，可用销钉拼接连接的方法。因木质坚挺，钻孔和安装销钉比较容易做到。粘接拼合后作做旧处理，在做旧中重做油漆，油漆要调和适中，使其具有历史风貌。修复步骤如下。

先将两截车毂断面用温水清洗，以求析出糖分，然后在断面上钻孔加竹销钉连接，同时辅以木胶加以粘接，增加其牢固程度。（图七一）左轮之毂已破裂成多数碎木片，修复难度较高，在修复时，首先将原有残片进行核对，逐一粘接，将原件连接完成后绘出残图，依图进行补缺。（图七二）补缺时选用同墓出土的木材，在车床上进行车制，然后依据断裂的接口进行取舍，保持新补配之毂与原件接合完好，最后加以销钉，辅以木胶进行加固，最终修复的左车毂和右车毂基本一样，达到修复要求。（图七三）

7.1.1.3　车辐

该车每轮有车辐28根，全部断裂。即使有稍微完整者，也因为榫头缺失不能使用。如若接拼榫头，因截面太小，胶接和销钉不容易做到，即使勉强拼接后也不能承重和吃力，在组装车轮时极容易断裂，故56根车辐能用者只有少数几根，绝大多数要重做，重做时采用该墓出土的木材，因这些木材已埋在地下2000余年，不容易变形和开裂。做好后要进行髹漆和做旧，使其具有历史沧桑感，保持历史风貌。

在实际修复中改变了以前的修复方案，决定尽量袭用原来的车辐，以保持文物的真实性。数十根车辐的核对工作难度较高，经过几天细心核对，依据完整车辐为参照，大多数都能拼接完整，能拼接完整的50根、残缺不齐的6根，保证了车辐修复的完整性。（图七四）对于车辐的修复，首先将核对好的车辐依次进行编号，编号时将车辐分为左右轮编号，依次为左1～28、右1～28，并且将断裂的车辐分断编号。如左20已断成3截，编号时，从下而上依次编号为左20-1～3，编号时用木工装潢常用的纸胶带贴在车辐表面，然后在纸胶带上进行编号，这样既清楚又不会破坏车辐表面的油漆。按照修复方案的要求，将所有车辐断裂处以及两端缺损处进行打眼穿销。其方法是将车辐需打孔处面向上用台钳固定，然后再用2毫米的微型钻头进行钻孔，每个断口处钻两个孔。我们从钻好孔的车辐中选了一根，编号为左8－1～2作为试验，来检测修复方法是否可行，以及测试粘接强度，其步

图七四　拼对的辐条

骤如下。首先将打好孔的车辐断口处用温开水清洗（因车辐在脱水时内部含有大量糖分，表面不易粘接，吸附力差），用直径1.6毫米的竹签植入孔中，作为两个断口的连接。再用同墓出土的木材补做植入牙和毂中的部分，在断口处涂抹乳胶（聚醋酸乙烯乳液），然后将其断口处相连接。最后用夹具进行固定，将其放置于修复室进行干燥，干燥5天后，将原先固定车辐的夹具解开，并用细砂纸将车辐表面溢出的乳胶进行打磨，然后用弹簧秤测试，下拉1～5千克沙袋，挂在原左8－1～2的接口处，测其粘接的强度。经测试，车辐承受的下拉压力不少于5千克，完全符合修复要求。其修复的目的是增加了车轮车辐的抗压强度，确保整个车舆的稳定与安全。

我们在前面试验的基础上，开始对左轮车辐进行修复，其方法在试验方法的基础之上作了一些微调。主要是将每根车辐断口处的表面向周围刻出一个宽3、深1毫米的小槽，连接时用优质乳胶和预先机制的榀樟木粉（经过细筛过滤）相调和，然后附于断口表面，这样大大加强了修复后车辐的强度。乳胶和木粉的比例为乳胶占75%、木粉占25%。上乳胶和木粉的调和物时，按先后三次，这样便于加快其干燥速度，也利于掌握其厚度，保证车辐修复后的表面平整。为此，每上完一次胶粉都进行表面处理，确保最终车辐表面的平整光洁。

我们用修复左轮车辐同样的方法对右轮车辐进行了修复，因右轮车辐残损较左轮严重，故修复难度要比左轮车辐高，通过修复人员的精心修复，最终圆满地完成了修复左右轮车辐的任务。

7.1.1.4 组装

车轮之牙、辐、毂修复完成后需要进行组装，组装时先完成辐、毂的结合，再完成辐、牙的结合。轮牙不能先成圆再装辐，要预留一段牙片，等装辐后再成

图七五　修复后的车轮

图七六　制作轮牙模具

图七七　修复前的左轮牙

圆，成圆后要进行校正、检测，检查是否致密均匀、有无偏转失衡现象。然后用预先设计好的夹具进行固定、捆扎，待胶凝固后，检查胶缝接合情况，对缺胶处进行补胶，对流淌的胶液用细木砂纸进行打磨处理。（图七五）

7.1.2　左车轮

左车轮和右车轮形制相同，大小一样，都是由1牙、1毂和28根车辐组成，完好程度不如右车轮，一些零件已不能使用，需重新制作。

7.1.2.1　轮牙

左车轮之轮牙已断成13段，需要采取和修复右车轮牙同样的方法，对左轮之轮牙拼接加固进行轮牙的修复。详见7.1.1.1。

7.1.2.2　车毂

左车轮之车毂已破裂成无数碎木片，失去修复的价值，故要重新制作车毂。制作时要选用耐开裂之木材，用木工车床制作，要依据右车毂之图样，和右车毂形制相同，大小一样，不可失真。车制时要观察加工件木质纹理，防止开裂。车制后再制作28个纳辐槽孔以便纳辐。最后，髹漆、做旧。

7.1.2.3　车辐

左轮车辐修复和右轮同，详见7.1.1.3。

7.1.2.4　组装和右车轮同，详见7.1.1.4。

参照以上修复方案，实际操作如下。

修复前首先做一个轮牙的模具，并在模具上定好每根车辐的位置。做模具时，考虑到轮牙因出土后经过脱水略小于原实际尺寸，加之遵循文物修复的原则，尽可能不破坏原件，故将轮牙模具放宽1厘米，只在外径放宽，内径不变，确保车辐及车毂的安装不相冲突。（（图七六）

首先对左轮牙进行修复：左轮牙已断成13段，（图七七）按照次序放入预先做好的模具内，对有一处约2厘米因变形严重放不进预置的模具内，采取了断开的方法，待全部轮牙放好后重新编号，然后将13段轮牙取出，用温开水（水温约50℃）清洗每个断口，尽量将糖分析出，然后在断口处进行钻孔并加以竹销钉进行连接，同时加以用乳胶调制的细木粉对轮牙的两个窄断面缺损部分进行补齐，在上胶时，将裁好的塑料薄膜垫于模具中，以保证胶干燥后不会粘在模具底板上，上胶时考虑干燥速度，故每次只上表面一层，然后用同样的方法重复5～6次，待一面做好后，再将轮牙翻转过来进行另一面的修复，其方法同上，最后待完全干燥后，将轮牙取出，对表面流淌胶的地方进行清洁处理。（图七八）

图七八　修复规圆的左轮牙

右轮牙修复：右轮牙断为7段，（图七九）较左轮牙相对完整，有一段长约30厘米，变形较大而不能合圆，因木材已经过脱水、固化，整形已不可能，原计划要更换此段，经奚三彩、张敏、李银德、王厚宇等几位专家现场查看商定，采用截取的方法，测量到超出圆周的起点处再进行复原，解决了合圆的困难，其他修复方法基本和左车轮一致。（图八〇）

以上轮牙的修复没有采取金属加固的方法，仅采用竹销钉的拼接方法，抗压强度达到了理想的效果，其复原效果更为逼真。

图七九　修复前的右轮牙

7.2 轴和伏兔的修复

7.2.1 轴

轴是车舆的重要部件，且是承重部件，故轴的修复要十分注意修复后的强度，以免发生因轴折而造成整车崩塌的事故。此车之轴是用整根木料加工而成，中段是长约114厘米的扁圆柱体，截面为5.4厘米×3厘米，左右是长约46厘米的圆柱体，直径4.6厘米，至两端急收，轴端直径3厘米。轴两端各有方孔一个，是安装青铜害辖之处。从现有情况看，该轴已断成9段，除两端因青铜害辖的拆除而稍有缺失外，其余之处尚无缺失，只是已断成9段，需要拼接，修复程序如下。

图八〇　修复规圆的右轮牙

图八一　伏兔

（1）拟采用金属加固件拼接：轴的正中间因和车辀咬合，故已形成凹槽。现凹槽处因强度脆弱而断开，拼接起来不用金属加固件难以保证强度，故此处要安装薄钢板或薄铜板加固件，以防发生轴折事故。

（2）销钉加固件拼接：除轴中间用金属加固件外，其余断裂处都用销钉加固件拼接。销钉拼接法是在断面处钻孔，然后装以销钉。销钉是用竹木类还是金属类，要通过实验进行比较，确保强度。

（3）粘接：断裂点除安装夹板和销钉加固件外，还要用高强度黏合剂粘接。粘接前要先清除断口的污染物，按预先编号的部位进行粘接，并用预先设计的夹具进行固定、捆扎，待胶凝固后，检查胶缝接合情况，如缺胶则进行补胶，对流淌的胶液应进行清理。

（4）补配：轴两端因青铜害辖的拆除缺失3厘米长的一段，要进行补配，补配时要选用和轴相同的材料，预留辖口。

（5）髹漆、做旧，详见7.1.1.1（4）。

7.2.2　伏兔

伏兔在轴上，上有函辀的凹槽，三面有浮雕蟠龙纹饰，是迄今为止所出土的精美伏兔之一。（图八一）由于承载车舆，故有开裂变形现象。这次修复中拟用粘接法将开裂处复位，然后髹漆、做旧。对于变形的地方，由于变形不大一时也难以校正，还是保持原样为妥。

7.2.3　轴和伏兔的组装

轴和伏兔各自修复好，然后组装。组装时仍按原来方法，用木质销钉将轴和伏兔固定，如一个销钉不行可用两个，一定要安装牢固不发生移位松动为妥。最后，对修复好的轴和伏兔全面检查，看是否坚挺牢固。在安装过程中，如发生损伤油漆现象应重新髹漆、做旧，进行补救。

修复时未采用金属加固件进行拼接，销镉一律使用竹木类。先将断开的9段轴身对接成形，依次编号，然后用50℃温水清洗整个断面，析出糖分，在轴杆的中心部位放置若干长10、径粗0.5厘米的竹销，敷以聚乙烯乳胶对接黏合，并且夹板稳定。待胶质凝固后，在接口处两端纵向开出深1、宽0.3厘米的凹槽，衬以坚硬的木镉连接，涂以乳胶凝结。每个断口一圈镶置2～3个木镉，木镉尽量安置在轴体的坚硬部位，以保证稳固性。轴的右端因缺损15厘米，故仿左端完好部位复制，按左右的比例复原了该轴的原有长度，并有利

于害辖的装置。（图八二、八三）

该车的伏兔躯体呈蟠龙形，张口吐舌，曲颈扬尾，反向匍匐于车轴之上，制作非常精巧。左侧伏兔附在轴体上完好无损，未有移动，右伏兔有所残损，且已脱落，对照左伏兔的形制进行修补，修补的接口处用长6、径粗0.5厘米的竹销组连，敷以胶液。因伏兔与轴要承受车舆强重的压力，为保证伏兔与轴身结合的牢固，重点注意伏兔榫头与轴身卯眼套合的严密，确保它在车舆组装时不会摇动或坍塌。

图八二　脱水加固后的车轴

图八三　修复后车轴

图八四　脱水加固后的辀

7.3 辀的修复

辀是用一根木料加工而成，现已断成12段，长约294厘米。（图八四）修复难度很大，特别是出辖处的弧线上扬部分，因急转受力损坏较甚，似无修复的价值。况这样破碎的部件，即使粘接成功，也难以承重，故重做一段为宜。因此，此辀的修复可分前、中、后三段，前段是辀首部分，长100厘米余，是原件断裂拼接；后段是辀尾部分，长100厘米余，是原件修复拼接；中段是由平直到上扬的部分，长60余厘米，需重新制作、补配。这样经补配而修复的辀才有安装的意义，安装到车上不致发生折断脱落事故。因此，此辀的修复大致有下列程序。

（1）销钉拼接：辀的前后段断裂部分的拼接，都要用销钉加固进行。销钉拼接法是先在断面钻孔，然后安装销钉。销钉拼接时再辅以高强度黏合剂，只要操作得当，应该有一定的强度。

（2）补配：补配要选用适合的材料，要和原件同样的树种，上扬角度，大小适当。要瞻前顾后，注意和前后段的吻合关系。

（3）安装：前、中、后三段修复补配后进行组装。组装时注意和轴的咬合、承轸之处、上扬高度、衡的位置、马的身高，多方面因素都要考虑。

（4）髹漆、做旧，详见7.1.1.1（4）。

在实际操作中调整了原制定的修复方案，对辀的中级上扬部分仍加固使用原构件进行复原连接。该辀出土时虽断裂成12段，但形制完整，仅在辀梢处残缺约10厘米。首先将12段辀杆拼接成形，依次编号，然后用50℃的温水清洗断口，析出糖分，在每截断口中心贯以3～4个竹销连接，竹销长10～12、径粗0.5厘米，敷以优质聚乙烯乳胶黏合，遂以夹卡稳定待干，最后在断口连接面衬以木锔3～4枚，用胶液凝固。修复辀出轸处的弧线上扬部分时，根据辀身的前端部分的自然弯曲度制作木架托起，便于辀首与辀身的连接，保证了整个车辀在修复中不变形或移位。辀梢的残缺部分根据辀梢的前后直径用同墓的木材补配复原。（图八五）

图八五　修复后的辀

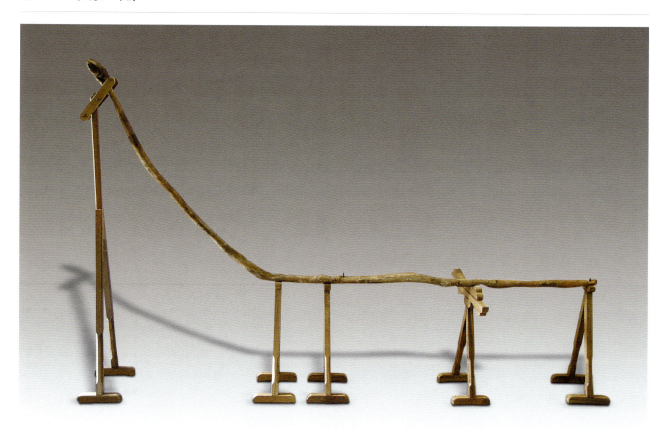

7.4　衡的修复

衡是系轭的构件，出土时尚完整，经过脱水及搬运现已断为3段。从末端的断口分析，此3段尚不是全部，还应有一段，只是已经缺失。因此，此衡除进行拼接外，还要补配一段，长约140厘米。此外，再加上两端青铜矛首衡饰，总长约170厘米。衡的修复含木质衡体和青铜矛首衡饰两部分，青铜部分留在后面专谈，下面重点介绍木质衡体的修复。

（1）拼接：衡体现已断为3段，仍然采取销钉法进行拼接，安装销钉时同时加用高强度黏合剂，采取销钉加粘接的方法拼接。

（2）补配：补配是选用同样的材料制作和出土衡体同样尺寸的器件，长约80厘米。

（3）组装：将补配制作的衡体和拼接过的衡体拼接，拼接仍用销钉加粘接的方法进行，拼接后总长140厘米。

（4）髹漆、做旧，详见7.1.1.1（4）。

7.5　舆底的修复

舆底即车底，相当于车舆的底盘。车舆及载荷都由其承载，可见是个坚挺的结构。本车之舆底由轸、枙、茵三部分组成，但由于是承重器件，故严重受损，大部分需要增补复原。如果重新组装成车，这三个部分都要重新制作，以便组装车舆。

7.5.1　轸

轸是车舆的底盘框架，通常是榫卯咬合的木质矩形结构，但此车之轸是用上平下圆的一根条形木料揉制弯曲而成，在后轸正中部斜口对接。此外，轸上之内口有成排的方槽和圆孔，应是安装车底和车茵之用。该轸现已严重损坏，如要重新组装上车，需要重新制作车轸使用。故此轸的修复分修复和补做两项，争取最大限度地保护文物，尽可能地将原轸残件复原归位。（图八六）

（1）修复：此轸由于已断成无数段，故要进行粘接成形，粘接成形后进行髹漆、做旧处理，作为车舆文物妥善保存。

（2）补做：选取和原轸同样的木材，采取实验考古学的方法，加热烘烤，揉制成形，然后钻孔开槽，髹漆做旧，以便组装成车。

在实际操作中，发现原车之轸是由整木弯曲揉制而成，因车室受过盗扰，车舆构件受到不同程度的破坏，加之出土后脱水又几经搬动，现已有部分缺损。另外，轸的四角弯曲部分因朽烂已不能受力，故在修复时依据方案，在尽可能使用原车之轸材料的前提下，对缺损部分采用同墓出土的樟板木材加以代替，以保证整个车轸的牢固性，有利于车栏与舆底其他构件的组装。复制的木材与原轸木框

图八六　脱水
加固后的车轾

对接处理，采用内用竹销外用木锔的方法，并敷以胶液加固。竹销与木锔的规格
与前面相同，用量因物而异，以保证修复构件结实牢固为目的。

7.5.2　桄

桄是车轾内的2根支撑件，主起支撑加固之用。2根桄用上平下圆的条形木料
制作，由于截面太小，已断成数段，和轾同样，分修复和补做两项程序。

（1）修复：2根桄已朽断，故要进行粘接成形。粘接成形后进行髹漆、做旧
处理，作为车舆文物妥善保存。

（2）补做：选取和原件同样的材料，手工制作，髹漆做旧，以便安装。

桄连接前后轾框，衬托在车舆之下。出土时2根桄杆已弯曲变形，经脱水处
理又变得质地坚硬，无法再做整平处理。故在修复时，对几截断口处采取整平对
接，以降低变形的弯曲度。修好的桄杆虽凹凸不平，但不影响舆底的组装。桄杆
的修复主要是拼接贯以竹销，断口连接处用木屑与胶的混合液补配即可。

7.5.3　藤床

藤床是车底的藤编，纵向是直径0.8厘米的圆柱形藤条，横向是宽0.6、厚
0.15厘米的扁平藤条，两者垂直，穿孔相交。（图八七）现藤床都已损坏，已无
修复之可能，只能重新补做，补做时要按原有之工艺，采用相同规格的藤条，做
好后髹漆做旧，以便固定于车轾。

藤床由于出土时大部分腐烂，只有根据残存的藤条尺寸进行复制。纵向藤条
用直径0.8厘米的圆柱形木条代替，横向藤条用宽0.6、厚0.15厘米的扁平木条配

制，间距相等，藤网平面结构交错成方格形。（图八八）

7.5.4 车茵

车茵即固定于车底之竹席，是用细细的竹丝编织。因年久腐烂，现车茵已不存，发掘时仅有遗迹。此车茵已没有修复之可能，现只能补做来代替，补做时要选用优质之竹丝，请竹匠编织。做好后髹漆做旧，以便固定于车轸。车茵根据出土残件进行复制，均用宽0.3厘米的竹丝精心编织而成，整个车茵长124、宽96厘米。（图八九）

7.5.5 舆底的组装

舆底之轸、枙、藤床、车茵补做完成后进行舆底组装。组装时首先将车轸成形，然后安装枙。枙是纵向安装，和輈平行，并在輈的两侧，以榫卯结构安装于前后车轸。枙安装后对车轸框架校正，要进行平衡和角度检测。检测无误后固定藤床，将编织好的藤床固定于车轸。藤床之上再安装车茵，和藤床一样，亦是固

图八七　圆柱形藤条的对接复原

图八八　藤床复原

图八九　车茵复原

定于车轸。藤床固定的是圆孔，车茵固定的是方槽，二者都在车轸内侧，都是打入木塞用木塞固定。舆底组装后要细心检查，检查是否符合要求，有无变形损伤状况。

舆底的组装按照由下而上逐层添加的原则，依据轸框内原有卯眼与凹槽的位置，分层复原。组装前必须要对所有的榫眼与凹槽进行修整，待整个轸架修复完毕后，首先在轸内安置左右2根桄板，然后再安置藤床衬底，最后在藤床上安置车茵，茵席四缘用薄木片卡压在轸框的凹槽内，并辅以胶液增固，使席面更加平整硬朗。

7.6 舆栏的修复

舆栏亦称车栏，即车舆四周的栏杆。栏杆由纵横木组成，纵木是植于车轸上的立柱，大致有三种规格。横木是截面3厘米×1.5厘米的方木，两者垂直相交，形成了舆栏的基本骨架。舆栏上有木雕装饰板，下有漆绘藤条，但由于是装饰品，不在舆栏骨架之内，故舆栏的修复只谈骨架，木雕装饰板和漆绘条容后再谈。

舆栏由于地下的长期腐蚀挤压，大都损坏，故没有修复再用之可能，故应补配。但这些出土的木质构件虽没有实用之价值，但要修复拼接，作为车舆文物以便长期保存。

（1）舆栏的修复：舆栏的修复主要是用粘接的方法，使断裂的碎木拼接起来，拼接后髹漆、做旧，以便长期保存，不致散乱遗失。

（2）舆栏的补做：舆栏的补做是在科学研究的基础上，根据出土之构件重新补做，做好后髹漆、做旧，以便安装时使用。

舆栏主要修复两侧的栏杆，因出土时腐朽残缺甚多，其原有尺寸不够明了，仅能依据栏木残断来确定纵横两木用料的尺寸。栏杆长度依据轮木上的榫眼距离和左右扶手板（轓板）长度的尺寸，栏杆高度依据出土时附在横木上完整漆绘藤条的长度。复原的栏杆高26.5、长96.5厘米，木条的规格为3厘米×4厘米，组装后与后栏板的高度基本相符。（图九〇、九一）栏框内装置的彩绘木条95%为原构件，断截部位皆用502胶水粘接。纵向木条呈扁平状，规格为1.3厘米×0.3厘米；横向木条呈半圆形，规格为1厘米×0.7厘米。安装时，在纵横两木交叉处用宽0.5厘米的皮条加以捆扎。

7.7　木雕装饰板的修复

车坑共出土木雕装饰板9块，都刻有浮雕蟠螭纹和云纹图案。浮雕蟠螭纹饰主要流行于春秋战国之际，若龙若蛇，相互缠绕，以四方连续的方式展开，构成了极其精细的艺术图案。对于这些木雕装饰板，有的已知其用途，有的尚未研究

图九〇　车栏复原

图九一 拼对的车栏横轵

清楚，但每件都有保护修复之价值，有待今后收藏研究。

7.7.1 装饰板1

板长142.5、宽42、厚3厘米，一面雕刻蟠螭纹，板口刻有云纹图案。由于长期受地下之挤压侵蚀，同时在脱水过程中有一定的损坏，已断成10块，并有少量的缺失，油漆脱落殆尽，在修复时大致经下列程序。

（1）拼接和粘接：由于此板是一块平板，其背面无纹饰，故可采取于背面加贴纤维布的方法进行加固。拼接时同时对断裂处用高强度黏合剂粘接，使原已断成10块的装饰板在纤维布和强力胶的共同作用下成一个整体，如此法仍不行，可考虑于背面用骑马钉的方法等距离加固。

（2）补配：由于断裂时一些细小的碎块已不存在，故要进行补配，补配时要选用同样质地的材料，把缺失的部位补齐。补配时要特别注意纹饰，纹饰的补配要进行雕刻，使后补的纹饰和原有纹饰一致，达到和谐。

（3）髹漆、做旧，详见7.1.1.1（4）。

7.7.2 装饰板2

板长130、宽37、厚2.5厘米，正上方有一条宽6厘米的蟠螭纹雕花纹带，反面有宽13厘米蟠螭纹雕花纹带，口沿有纹饰。现此板已断成7块，并有少量的残缺。现此板的修复仍采取贴纤维布的方法进行，但纤维布的粘贴要避开纹饰。

（1）拼接和粘接：此板之雕花纹饰条带状分布于板的上部，故加贴纤维布时要避开纹饰带，采取一面或两面加贴的方法都可。加贴时同时用高强度黏合剂进行断口粘接，使之恢复为一个整体。

（2）补配：此板有一些缺失，对缺失的部分进行补配，补配时要选用相同的材料，用高强度黏合剂粘接补配。

（3）髹漆、做旧，详见7.1.1.1（4）。

7.7.3 装饰板3

板长105、宽16、厚2厘米，一面满刻蟠螭纹，口沿有云纹图案。现此板已断成4块，一端稍有残缺。其修复方法大致和装饰板1相同，采取于背面加贴纤维布的方法，具体方法见7.7.1。

7.7.4　装饰板4

此板和装饰板3相同，现已断成10块，且有一些残缺。其修复方法也大致一样，都是采取于背面加贴纤维布的方法，然后补配、髹漆、做旧，详见7.7.1。

7.7.5　装饰板5

板长50、宽24、厚2厘米，一面满刻蟠螭纹，口沿上亦有云纹图案，具体作用尚不清楚。现此板已断成10块，其修复方法大致和装饰板1相同，采取于背面加贴纤维布的方法，具体方法详见7.7.1。

7.7.6　装饰板6（后栏板）

板长36.5、宽27、厚2厘米，一面刻蟠螭纹，蟠螭纹形体较大，皆大于同时出土的其他蟠螭纹纹饰。现此板损坏较甚，修复时仍采取背面加贴纤维布的方法，争取修复，具体方法见7.7.1。

7.7.7　装饰板7

板长32、宽14、厚1.5厘米，背面有矩尺形凸起，口沿有云纹图案，具体位置尚不清楚。此板的修复仍采取背面加贴纤维布的方法，具体做法见7.7.1。

7.7.8　装饰板8

板长57、宽19、厚1厘米，两端有云纹图案，具体用途不清。此板的修复仍采取加贴纤维布的方法，详见7.7.1。

7.7.9　装饰板9

板长56、宽14、厚1厘米，有宽6厘米的云纹带，此板现已断成多块，修复仍同其他装饰板，详见7.7.1。

装饰板的修复主要集中在1～4号和6号的木雕构件上。

1号雕花木板现已断成10块，修复时，首先根据实物绘出线图，（图九二）拼接成形，并用50℃温水逐一清理断面，然后在断口处用0.5×10厘米的竹销进行连接，对缺损部分用同墓出土的金丝楠木补配，正面纹饰按照实物尺寸比例进行雕刻复原，断裂的隙缝间用木屑与混合液加以填补。（图九三）

2号雕花木板修复时断裂成10余块，其中有残缺处若干，左侧上方的犄形角残损，（图九四）仍然采用修复1号雕花木板的方法将其拼对、黏合、补缺。其左侧犄形角仿右侧犄形角复制，按构件上原有纹样进行补刻，凡补配的木材不做旧，使新老结构有明显的区别。（图九五）

3号、4号雕花木板形制尺寸相同，为左右对称的两块厢板，出土时结构均有残损，断裂成若干块，拼接后形制完整。修复方法与前面大致相同，拼接仅用竹销贯其断面，不用木锔加以表面连接，以免破坏雕花板面上的纹饰。（图九六～九九）

6号雕花木板为翼形的车厢板构件，分为左右两块，出土时右侧一块破损严重，仅存左侧饰板可以复原。饰板上下纹饰有别，上为阴线云雷纹，下为浮雕蟠

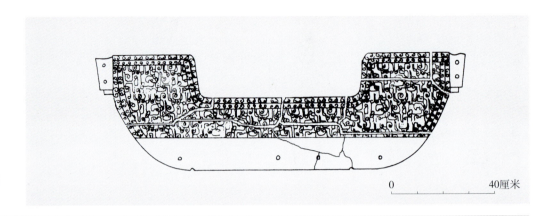

图九二　1号雕花
木板破损线图

图九三　修复后
的1号雕花木板

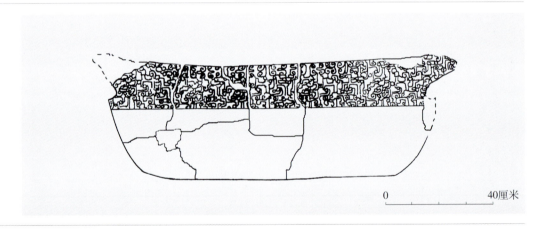

图九四　2号雕花
木板破损线图

图九五　修复后
的2号雕花木板

图九六 修复前的
3号、4号雕花木板

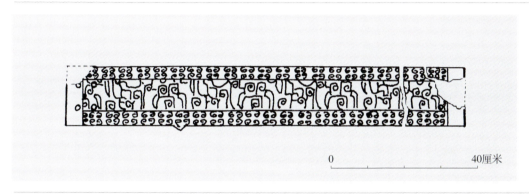

0   40厘米

图九七 3号雕花
木板破损线图

图九八 修复后
的3号雕花木板

图九九 修复后
的4号雕花木板

螭纹。修复时，充分注意到木雕板的形状和尺寸，掌握好纹饰的分布与雕刻走向，使修复补配的木雕件和原构件风格一致。在修复好左侧饰板后，又仿照左侧板的样式相应地复制出右侧饰件。（图一〇〇）

7.8 小方木板的修复

车坑共出土小方木板4块，大小相同，木板上有榫卯痕迹，可能是车上的木板，亦可能是鼓车附属器物的木板。（图一〇一）现有些破损，损坏不大，只要用纤维布加固稍加粘做旧即可。

7.9 漆绘藤条的补配

此车共有漆绘藤条两种，应是舆栏上装饰物，因断裂成星星点点已不能修复，组装成车时要用漆绘藤条，故要补配。补配时要做宽1.3、厚0.3厘米的扁平形藤条和直径0.5厘米的圆柱形藤条两种，都是黑漆为地，上绘红色云纹图案。（图一〇二）补配时要进行做旧处理，以求有历史沧桑感，达成色调和谐的目的。

7.10 建鼓的修复

鼓身长56、口径29、腹径46厘米，外髹黑漆，皮质鼓面早已腐朽，现仅存大

图一〇〇　修复后的车尾后栏板

图一〇一　脱水后的小方木板

图一〇二　修复
的漆绘藤条

半个鼓身和若干残片，故此鼓的修复，要从修复木质鼓身入手然后补配皮革
鼓面。

（1）拼接：此鼓身的拼接，拟先做3个金属质地的圆环，以做鼓身的内箍及
支撑件，3个圆环分别位于鼓的两端和鼓腹中段，以此作为鼓身的内箍。破碎的
鼓身残片贴紧内箍依次拼接，并依次固定于鼓身中的内箍。在拼接过程中要注
意变形的校正，倘若校正不了就进行补配。因这些出土构件已埋在地下多年，
质地脆弱而经不住外力的校正，拼接时要注意运用高强度黏合剂，以使达到较
高的强度。

（2）补配：鼓身碎片一定有缺失现象，对于缺失的要进行补配。补配时要
选用相同的木料，防止变形失真。

（3）鼓身修复后要补配鼓面，选用合适的牛皮或猪皮，用竹钉钉于鼓的两
端，外用铜质鼓钉，以求和谐。

（4）鼓做好后是否要髹漆做旧待视觉效果如何再定，做旧处理详见
7.1.1.1（4）。

鼓身出土时破碎成多块，有的断面被挤压变形。在修复时，先按鼓身的内
径制作一个内模，然后把散碎的鼓件拼合编号，依序用竹销连接并附贴在鼓模之

图一○三　破碎的建鼓

图一○四　拼对成形的建鼓

图一○五　修复后的建鼓

上用乳胶凝固，隙缝处用木屑与胶的混合液填补。（图一○三、一○四）鼓身拼合后尚缺损三分之一，遂用同墓的樟板材料进行补配。鼓身复原完整后，用皮绳将鼓身捆扎，待胶液凝结后拆除内模。原有鼓皮出土时已腐烂无存，选用优质牛皮进行制作。鼓面蒙置依据鼓身两端口沿原有的乳钉带尺寸，扎下3排细密的竹钉，竹钉规格为0.5厘米×2厘米。鼓身补配后，经科研组讨论，未进行髹漆处理，使新旧部分有明显的对比。（图一○五）

　　鼓座是由长137、宽28、厚7厘米的木板刳挖而成，上部为长137、宽7厘米的矩形平面。鼓座上有齿形刻槽，两端有刻槽，刻槽是为安装青铜鼓座饰件而制作，从刻槽分析，两端安装的应是兽首形铜饰，中间安装的应是鼓柱插入的青铜插座。（图一○六）两种铜饰此墓中虽然没有发现，但在毗邻的淮阴高庄战国墓中却有出土，从而也说明两墓关系密切。两种铜饰都不是车舆铜饰，而是鼓座的

图一〇六　脱水后的鼓座

饰件。由于鼓座木料较大，保存现状尚可，只是中部开孔处断裂，现只要把中间一段修补完备即可，其程序如下。

（1）把鼓座中间断开处上下两端锯成"之"字形接口状，截去约20厘米的一段。

（2）补配：用相同的木材重做被截去的20厘米的一段进行补配，补配之材料仍锯成"之"字形接口状，使之吻合。

（3）销钉拼接：吻合后打入销钉，进行固定。

（4）髹漆、做旧，详见7.1.1.1（4）。

鼓座的修复较为容易，主要是对鼓柱穿孔的修复。鼓座上圆孔直径5厘米，内侧附有凸出的椭圆状套管，略有残损。根据原有的形制以硬实的木材进行补缺，连接断缺处用竹销与胶液加固。

鼓柱损坏较大，现只有近50厘米一段，故要补配。考虑到鼓柱安装后要长期支撑建鼓，要承载一定的重量，出土的原鼓柱已难承受，故应重做一根，以便承载建鼓的重量。重做时要选取硬材，按图定做，然后髹漆、做旧，详见7.1.1.1（4）。

鼓柱残损严重，仅能根据鼓杆上端余剩的榫头与鼓身贯穿的方孔尺寸确定鼓柱的上端为5厘米见方的榫首。根据鼓身底座的圆孔确定鼓杆为圆柱体，直径约5厘米。再参曾侯乙墓和其他同时期出土马车考古资料，推算出鼓柱复原高约170厘米。

八 组装复原与后续保护

8.1 小单元的组合

木雕鼓车的组装是按小组合到大组合的复原程序，小单元的组合共分六个部分，即为轮牙、辐条、毂的组合；轴、伏兔、铜害辖的组合；辀、当兔、衡、轭的组合；轸、枕、藤床、车茵的舆底组合；栏杆、彩绘条、前栏板、扶手板（轓耳）、后挡板、后輢柱、铜帽饰件的车厢组合；鼓身、鼓座、鼓柱、铜旌饰的建鼓组合。

（1）轮牙、辐条、毂的组合

开始从模具中取出修复好的轮牙，清理轮牙表面的混合胶液与补配件的粗糙面，校正轮牙与转毂上的辐条卯眼，保证每个辐条两端的榫头与其吻合。校正好眼门后，再把合好的轮牙从原断口处拆开，分为4截，然后将28根辐条先插入轮牙的卯孔，后再连接车毂上的卯眼，用木槌在轮牙之上向下轻缓敲击，让辐条榫头同时进入车毂卯眼预定的位置。最后进行4木合圆，4木合圆就是把4块拆开的轮牙在插好辐条后进行合龙归圆。合圆时要在轮牙的接口处敷上乳胶粘接，并在每个接口处纵向镶嵌上5厘米×1厘米的木锔，使其增固。左右两轮的组合皆采用同样的方法。（图一〇七）

图一〇七　对车轮进行四木合圆组装

（2）轴、伏兔、当兔、铜害辖的组合。

该单元组合比较简易，主要是把复制好的右伏兔安置在轴上原来的位置，左伏兔保存完好，且固定在原有的位置上。伏兔与轴的安放要保持平稳适中。伏兔底部与轴杆上部连接用榫卯结构卡合。轴的中心还要安置一块长6、直径3.2厘米的木垫块，称之"当兔"，是衔接辀轴的构件，主起稳定作用。轴的两末端各有穿孔，待车轮组装后用该墓车室内出土的铜害辖套合。（图一〇八、一〇九）

（3）辀、衡、轭的组合

本单元的组合主要贯穿在整车的组装上。在未进行大组合前，先要清理好辀身后半段与轸、轴交接的凹槽，这些凹槽是原辀件所固有的。上部的凹槽是接纳前后轮架的框条，底部的凹槽是承合轴上当兔的横木垫，当兔与其横向交织。上下凹槽内皆插入1×2厘米的圆形木销，以利与轸、轴构件相契。衡的构件是依据出土原物复制的，按原形制比例增至长度为170厘米，最大粗径为4厘米，用皮条捆扎在辀首之下，两侧再缚上套马的车轭。

（4）轸、栻、藤床、车茵的舆底组合

本单元组合在修复过程中已基本完成。其主要程序是在轸架未合框前，预先将栻杆、藤床木条交叉安置在轸框的卯眼内，校正后，将拆开的轸框前后同时合龙，一气呵成，并敷以胶液粘固。栻杆与藤床组装后，再将编织好的车茵铺在轸架上，茵席四周边缘用长条木片嵌入轸框内侧上口的凹槽中，这样从栻至藤床再至车茵由下而上的三层支撑组合就全部完成。

（5）栏杆、彩绘栏条、前栏板、扶手板（轓耳）、后挡板、后輢柱、铜帽饰件的车厢组合

图一〇八　对轮与轴组装后的技术检验

图一〇九　车轴两端套合的铜軎辖

车厢构件组合较为复杂，皆基于轸框之上。首先要把栏杆与彩绘栏条交织好，栏杆立柱的榫头要带胶插入轸卯，用木槌轻缓敲打。随后由前向后依次把前輢板、鼓座、后輢板并排竖列，每块构件的底部均用1×2厘米的圆形木销与轸架连接。两块后挡板外侧以1.5×1.5厘米的燕尾销与左右栏杆相连，底部仍用圆柱形木销加固。后輢柱与轸板的组合亦采用榫卯结构。两侧的輢柱皆套有该墓出土的铜帽饰件。左右两块扶手板（轓耳）安置在两旁的栏杆之上，扶板下口与栏杆横木用1×1.5厘米的圆形木销贯合。待全部车厢构件安置后，再用0.8厘米的皮条把栏框内横竖的彩绘木条交叉捆扎起来，使其更加

图一一〇　扶板与栏杆的组装

图一一一　专家讨论建鼓修复与组装方法

图一一二　鼓座
与前、后軨板的
组装

稳固（图一一〇）。

（6）鼓身、鼓座、鼓柱、铜旌饰的建鼓组合

建鼓的组合主要集中在鼓身与鼓柱的支撑上，鼓身较为硕大厚重，上下皆
有贯穿的方孔，以便鼓杆的插入。根据鼓身上口的方形孔眼及鼓座底部圆形的
孔眼，我们参考残存的鼓柱复制一根圆柱体的鼓杆，杆高172、径粗6厘米，上
端为边长5厘米方形榫头，顶部安置同时出土的铜旌饰件。鼓座构件已在前面车
厢组合中安放在前后軨板中间，这也确定了建鼓所要树立的位置。（图一一一、
一一二）

8.2　大组合的五个步骤

大组合即为整个木雕鼓车的复原组装，是建立在小组合的套装基础上的，
其组装步骤依照由下而上进行。在整车组装前，为确保文物的安全，减少车身对
轮、轴的压力，避免损伤事故的发生，我们根据车舆承压与稳定的重要部位，制
作了15个辅助性支架。整个车舆的组装步骤如下。

第一步骤，是把左右二轮套入车轴两端，使车毂内侧靠紧伏兔外端，轴末两
端安上同墓出土的铜軎辖，遂在軎辖底部各衬支架一副。因车轴承受压力最强，
我们又在主轴伏兔下方增置两副支架，还在轴的中心位置即当兔之下添加一副支
架，支架上口形成凹槽，与轴杆下面咬合。

第二步骤，是把辀放置在轴中心的当兔上，辀与轴的结合点，以辀身下口保
存的原有凹槽为准，其凹面为半圆形，与轴上的圆柱体当兔正好吻合。为保持辀
与轴的稳定性，在辀与当兔的接面处插上一根1×2厘米的圆形木销。整个辀体下
身部位共衬托5副支架，辀尾与辀身前端放置3副，主要支撑在辀身与舆底前后軨
架的结合处；辀颈处放置2副，以衬托向上弯曲的辀首。

　　第三步骤，是把组合的舆底装置在辀轴之上，舆底的后轸架放入辀尾上原有的凹槽内，前轸架也正好压在辀身前段的凹陷处。前后轸架与辀身前后凹槽的承合面再插上1×2厘米的圆形木销，敷以胶液连固。并在轸底四角结合处各衬托支架一副。

　　第四步骤，是对车厢结构的再组装，这项工作已在前面小组合中基本完成。主要是把栏杆支架与彩绘条交织在一起，将榫头装置在车轮之上，再把前軨板、鼓座支架、后軨板并列安置在前轸框位置。接后将后辀柱与后挡板安置在后轸框位置，后辀柱上安上铜帽饰件。（图一一三）最后就是在车栏的左右横木上装置扶手板，即车辐构件。以上组装工艺技术已在前面说明。

　　第五步骤，把组合好的鼓身与鼓柱插入车厢前侧的鼓座支架内，鼓柱顶部再安上八棱形铜旌饰件。（图一一四）

　　通过以上五个步骤，木雕鼓车主要构件的组装已基本完成，整体车架的基本形制也就复原出来了。（图一一五）为了达到陈列宣教的效果，我们在辀首的两侧配制了两匹马的模型，马颈处架上衡、轭，再用皮革条加以捆扎。此外，马的驾车之靷索，套马的笼头等，皆用不同规格的皮革连结，使整个木雕鼓车更具形象地展现在观众面前。（图一一六）

8.3　后续保护

　　淮安运河村战国墓出土的木雕鼓车为至今先秦考古中所仅见，属国家一级文物。15个主体构件经组装复原成一辆形制较为完整的马车，列为淮安市博物馆历史藏品的镇馆之宝。为发挥珍贵文物的宣教作用，又能更好地加强保护，我们按照国家文物局专家委员会的验收意见，进一步完善相关资料，以利于木雕鼓车

图一一三　后辀柱上的铜帽饰件

图一一四　鼓柱顶部安置的铜旌饰件

图一一五　组装
成型的木雕鼓车

图一一六　复原
后的木雕鼓车

图一一七　科研组成员讨论木雕鼓车的后续保护

图一一八　木雕鼓车保护修复项目验收会

的后续保护、研究和宣传。（图一一七）为此，我们在淮安市博物馆三楼专题陈列厅研制了保存木雕鼓车的恒温恒湿大型展柜，装置恒温恒湿设备，用钢化玻璃罩将组装好的马车构件进行全透明封护，木构件、漆绘构件和骨质存放环境的温度应控制在20℃±2℃，相对湿度控制在55％±5％，铜配件的保存相对湿度应控制在40％以下，对组装好的木雕鼓车不轻易挪动，永久使用支架衬托车舆承压与稳定的重要部位。展柜底部增设一层30厘米的展示台，台面上面铺垫一层3厘米厚的海绵，再用浅黄色的地毯覆盖其上，使其松软舒适，更有利于文物构件的保护。因博物馆展厅长期对外开放，在木雕鼓车玻璃罩内采用灯光为LED冷光源，以减少对文物的紫外线辐射，不招蚊虫，符合绿色环保。（图一一八、一一九）

九　木雕鼓车保护与
修复的几点体会

　　运河村木雕鼓车从2004年7月出土，到2010年4月修复完成，历时近六年之久。其中经历了清理发掘、价值评估、科研立项、脱水加固、复原研究、构件修复、模拟复制、组装复原等阶段。在各个阶段中，我们始终本着科学规范、严谨务实的治学态度，认真细致地做好每个阶段的基础工作，使各项工作融为一个完整的有机统一体。它们相互关联，相互制约，相互促进，以至做到承上启下，融会贯通。今天，这辆沉睡在地下2000多年的木雕鼓车，再以它精美绝伦、辎鼓轩昂的姿态展示在世人面前，成为广大观众瞩目的国宝级文物，我们的心情充满了喜悦，我们为取得这项重要的科研成果而感到自豪。同时，我们又感想良多，这些感想凝结了我们对古代马车保护修复与复原研究的深厚体验。回顾这六年来的探索经历，还有许多问题需要我们去认识和总结。

　　在清理发掘阶段，我们深感科学发掘是木雕鼓车保护修复与复原研究的首要基础。从文物保护而言，发掘本身就是对出土文物的一次伤害。当我们发现重要的古代遗迹与遗物时，应该冷静思考，细致观察，全面系统地制定考古发掘方案，切不可匆忙草率。特别是在配合工程建设进行的抢救性文物发掘中，更要控制好节奏，严格遵守田野考古工作规程，不因工期的紧迫而忽视或降低考古发掘的科学性，造成不可弥补的损失。当木雕鼓车惊现后，为确保发掘工作的科学性及出土文物得到技术上的保护，我们立即报告江苏省文物局，请求南京博物院考古专家与文保专家的支援，在专家的指导下有条不紊地开展清理工作。考古发掘要树立课题意识，在起取马车构件前，必须要认真做好发掘记录、摄像、绘图等资料性工作，既要宏观把握，又要微观分析，对构件之间原有的叠压关系、榫卯结构、组合原理等情况都要进行全面的观察。如有条件可以对成组的马车进行加固起取，以便转入室内再做细致清理和研究。马车木质构件在地下埋藏2000多年，因水的浸泡内部结构已变得十分脆弱，起取时，要尽量减少器物的断裂或挤压变形。因此，在起取方法上要多做研究，包装的容具也是因物而异，要为以后的室内整理、脱水加固及文物修复提供方便，减少多次翻动造成对文物的损伤。

　　在价值评估阶段，要首先做好出土文物的鉴定工作，实事求是地去评定文物的历史、艺术、科学价值。文物的命名要准确地反映出器物性质与历史特征。运河村出土的这辆木质马车为何命名木雕鼓车？是因为在车舆的木质构件上雕刻了许多繁缛精细的纹饰，以战国流行的蟠螭纹为主。同时，还随车出土了一套建鼓，证实了这辆马车是属于军事首领指挥作战的坐乘。是迄今江苏境内考古出土的第一辆先秦马车，亦是国内考古发掘中出土的第一辆木雕鼓车，在中国古代车制的研究上有重要价值。文物价值的评定必须要得到文博界专家的认可。运河村木雕鼓车出土后，我们采取走出去请进来的办法，多次邀请国内古代马车研究资深专家进行考证评估，还在各种刊物上广泛宣传介绍，提高了木雕鼓车在省内外的影响力。我们又随即上报江苏省文物局与国家文物局，尽快组织专家为木雕鼓车定级，更有利于珍贵文物及时得到保护与修复。

在科研立项阶段，我们先后做了两项工作，先将马车复原研究申报列入2005～2006年度江苏省文物科研课题；随后又将该车的保护与修复列入国家重点文物保护项目，并得到了专项经费的资助。这些研究立项的获取除证明木雕鼓车的重要价值外，同时又反映出保护方案制定的合理性与可操作性。该方案是由南京博物院文物保护研究所与淮安市博物馆共同商讨制定的。在制订方案前，淮安市博物馆首先对木雕鼓车的组合构件进行初步研究，编写了《淮安运河村战国墓出土马车图录》资料专辑。对所有构饰件的形制、尺寸、用途、现状等进行了详细的记录，为木雕鼓车保护与修复方案提供必要的实物资料。方案是科研立项的技术保证，技术路线正确与否是科研项目成败的关键。因此，在制订方案过程中，必须对文物保护与修复的依据和原则、技术路线、技术措施等问题进行全面系统的分析，做到科学规范、有的放矢。

在脱水加固阶段，我馆委托南京博物院文物保护科学技术研究所进行处理。该所在木质文物脱水加固技术方面获得国家科学技术进步奖，具有丰富的实践经验。运河村这批马车木构件经过木质分析、含水率测定、乳糖醇加固等一系列技术处理，使原已腐朽脆弱的木质构件变得坚硬结实，取得了脱水保护的成功，为之后木雕鼓车的修复与研究提供了必要的条件。由此可见，现代文物保护离不开科学技术的支撑。出土的珍贵文物(特别是漆木器一类的古代文物)，应该及时得到科学技术方面的保护，避免自然伤害，造成难以弥补的损失。在进行脱水处理前，还应该预先做好文物的拍照、绘图、取样、记录等信息工作，特别是漆木器的纹饰图案、铭文字样等，以防这些表层漆片会在脱水处理过程中自然褪色消失。组合部件复杂的文物，也应该事先做好器物类型的编号，发掘单位与文保单位要保持联系。特别是在较长期间的处理过程中，要掌握工作程序的变化，以免在交替中出现混乱，给今后的修复工作带来困难。

在复原研究阶段，在考古发掘的基础上，依据出土马车实物，查阅大量的文物考古资料与历史文献资料，深入进行车舆构件的考证工作，提升对木雕鼓车整体形制与结构的认识。早在1978年我馆在淮阴城南发掘的高庄战国墓，曾出土一套实用的车舆铜饰件，定为国家一级文物。自此，我馆就组织业务人员开展古代马车的研究工作。此后南京博物院文物保护研究所又对这批车舆铜饰件进行了全面的修复，并根据铜舆饰件复原了一辆木质结构的马车。这些工作实践都为木雕鼓车的复原研究积累了可以借鉴的经验。为了不陷入闭门造车的困境，在复原研究过程中，我们又赴陕西、河南、甘肃、山东等地参观考察，与有关专家进行交流。复原方案制订后又广泛征求专家意见，经过几上几下的调研，使复原方案趋于完善和成熟。在课题反复研究的基础上，我们又将复原研究的成果在学术报刊上发表，得到了国内著名古车研究专家和文物保护专家的认可。这些研究成果的建立为下面木雕鼓车构件的修复、车舆的模拟复制以及组装复原找出了理论依据，为马车的复原成功奠定了基础。

在模拟复制阶段，模拟复制是木雕鼓车保护与修复的重要环节，是建立在复原研究的基础上。进入模拟复制阶段已说明各项基础性工作趋于完备。模拟复制必须忠实于对出土构件原真性的仿制，真实客观地反映原构件的实际形制与尺寸，并将这些复制构件进行组合研究，探索出组装结构的合理性与规律性，为木雕鼓车的组装复原积累资料和经验。通过模拟复制研究使我们对木雕鼓车的原有形制结构与制作工艺有了进一步的了解，也深化了我们对该车构件组合形式的认识。整个模拟复制工作历时六个多月，经历了构件复制、分类组合、整车组装三个阶段。每个阶段都必须依据图纸复原，做到数据清楚，上下结构明确，相互的榫卯关系能对号入座。其制作工艺尽量遵循古代传统的木工技法，如轮牙揉制、平口对接、通榫通卯等工艺特征，包括纹饰复制，车体髹漆等都参照古代工艺进行复制，取得了木雕鼓车模拟复制的成功。同时，在复制过程中，也解决了一些悬而未决的疑难问题，为古代车制的考古学研究增添了新的学术成果。2009年5月，受国家文物局委托，江苏省文物局专门对木雕鼓车模拟复制召开了评审会，验收合格。

在构件修复阶段，在坚持保护为主、抢救第一的方针指导下进行保护和修复。意大利布兰迪在其专著《文物修复理论》中强调："所谓修复，是在充分尊重文物的历史性、真实性和美学性的同时，多学科共同参与，对文物进行处理的重要行为。"也就是说在对破损文物进行修补、复原，以尽可能更好地恢复文物原有状态，保存更多历史信息，留下更优美的形态质感。在修复前，我们对鼓车构件做好工艺特征的调查验证，对照文献资料与考古资料进行逐一分析考察，充分了解古代马车制作的工艺特点与方法，为下一步的修复提供参考依据。首先我们将轮、轴、轸、辀、建鼓等木质构件分门别类制定修复方案，根据实物绘出线图，做到胸有成竹。在修复原则方面，我们分别采用了"可识别性"与"修旧如旧"的两种技艺。例如在处理轮牙、轴、辀、桄等比较完整的构件时，对其接口、吻合处、裂缝处、表面等采用修旧如旧的办法，通过局部修复、补配、做旧等手段使得修补复原之部位与器物本体部位"浑然一体，补处莫分。"对建鼓、木雕装饰板、车毂等残损较严重的构件，均采用可识别性的修复方法，使修复的部分与文物本体有所区别，包括雕刻的纹饰等，但在远观上与整体相协调。在修复方法上，根据木质结构的属性，针对脱水加固后木质内因含大量乳糖醇已变得僵硬的情况，我们采取温水析糖降醇、竹销与木锔连接、乳胶粘固、旧材补配等主要工艺手段，因物而异地进行修复。在原先制定的修复方案中，我们曾计划使用一些金属材料来加固拼接木质构件。但在实际操作中，为尽量体现文物的原真性，遵循最小干预的修复原则，我们仅采用了竹销、木锔、木屑粉、皮革及高强度黏合剂等基本材料，尽可能减少对文物本体的伤害。通过修复实践，我们清楚地认识到，文物修复是考古学的有机组成部分，是在实际操作中对文物本体深化认识的过程。文物修复的关键在于修复工艺的确认，如鼓车构件断口的拼接，我们均采用内用竹销、外用木锔的方法，并涂以乳胶粘固；局部的缺隙处有木屑粉与胶液的混合体加以填补，使之平整光洁；大的残缺，均用同墓的樟板材料加以补配，使之和谐统一。这些基本工艺手法的运用，为修复木雕鼓车构件提供了技术保证。

在组装复原阶段，组装复原是建立在模拟复制的基础上。所有出土鼓车构件，经过脱水加固、修配成形、复原研究、模拟检验等工作环节，进入到整车组装的最后阶段。复原工作虽然已是达到轻车熟路的地步，但是我们依然没有麻痹大意，不敢掉以轻心。首先，要把文物安全放在第一位，务必保证在不损伤文物的情况下进行木雕鼓车组装复原。因为，原构件组装与模拟复制品组装不同。原构件虽然修复，但在形制上有所变形扭曲、高低不平、左右不均等现状。为此，我们以保护文物为本，不偏重于结合形式的完美。第二，要注重组装工作的科学性。在工作程序上，遵循从小组合到大组合、自内向外的组合、由下而上的组合程序。在小单元组合中，要宏观掌控，不能顾此失彼，如轮牙组合要做到四木合圆，伏兔与当兔在车轴上的安装位置要适中，舆底车茵、藤床、桄的叠压组合要统筹兼顾一气呵成，栏杆与车厢雕板组合要尺寸统一，鼓身、鼓柱、鼓座安装要协调合理等。把握了这些技术要领，木雕鼓车的组装复原也就马到成功了。

附录一

淮安运河村战国墓木雕鼓车出土构件统计表

序号	名　称	时代	数量（件）	尺寸（厘米）	现　状
1	左车轮	战国	1	轮牙直径90.7	已修复
2	右车轮	战国	1	轮牙直径90.7	已修复
3	左、右车毂	战国	2	长38、径16	已修复
4	车辐	战国	56	长31、宽3.8	已修复
5	轴	战国	1	中段长114、左右各长46	已修复
6	伏兔	战国	1	长25、宽5、厚7	已修复
7	车辀	战国	1	长310	已修复
8	车衡	战国	1	长135	断成7段
9	轭	战国	若干	残长17～130、截面3×1.5	残缺
10	小方木板	战国	4	长22、宽22、厚3.7	已修复
11	轸	战国	1	长约126、宽约98	已修复
12	桄	战国	1	残长58、截面2.5×2.5	已修复
13	茵	战国	1		残损
14	鞼	战国	1	长25.5、宽3、厚2	残损
15	彩绘条	战国	若干	宽1～1.3、厚0.5～0.7	已修复
16	车軓装饰板	战国	1	长142、宽42、厚3	已修复
17	左輢装饰板	战国	1	长105、宽15.5、厚2	已修复
18	右輢装饰板	战国	1	长105、宽15.5、厚2	已修复
19	车轼木雕板1	战国	1	长135、宽37、厚2.5	已修复
20	车轼木雕板2	战国	1	长142、宽42、厚3	已修复
21	车门雕花板	战国	1	长50、宽22、厚2	残损
22	雕花木板1	战国	1	长36.5、宽27、厚2	残损
23	雕花木板2	战国	1	长57、宽19、厚1	残损
24	雕花木板3	战国	1	长56、宽14、厚1	残损

续表

序号	名　称	时代	数量（件）	尺寸（厘米）	现　状
25	后辁装饰板	战国	1	长103、宽24、厚3	残损
26	建鼓	战国	1	长56、口径29、腹径46	已修复
27	鼓座	战国	1	长137、宽7、高28	已修复
28	骨质饰件	战国	11	长6～7.7、宽2.1 高1.8～2.2	完整
29	车釭	战国	1	齿外径10.3、内径3.6、高3.5	缺1齿
30	车釭	战国	1	齿外径10.3、高3.5	锈、残破
31	铜铺首衔环	战国	1	长13.5、宽7.2、外径6	完整
32	铜铺首衔环	战国	1	长13.5、宽7.2、外径6	缺后链
33	铜铺首衔环	战国	2	长7.2、外径6.7	完整
34	青铜軎辖	战国	2	口径3.5、高7	完整
35	青铜軎辖	战国	2	口径4.4、高7	完整
36	青铜軎辖	战国	2	口径4.4、高6.3	完整
37	铜帽形器	战国	7	长17.7、口径3	完整
38	铜合页	战国	2	底宽3、高1.4	完整
39	铜钩形器	战国	4	长5.5、高5.4	完整
40	锥形管状器	战国	1	口径4、长14.5	有锈孔
41	锥形管状器	战国	1	口径4、长14.5	残破
42	铜包角形器	战国	2	长7.4、宽2.3	完整
43	铜兽面衡饰	战国	6	长4、宽3.5	完整
44	车辁铜饰	战国	1	残长21、宽4.9	残缺
45	矛首衡末铜饰	战国	1	长13.3、中宽2	破碎黏合

（表中数据与正文数据因不同时期不同人测量，存在少许出入）

附录二

淮安运河村战国墓木雕鼓车
树种检测

1.木鼓

（1）木材宏观构造

生长轮明显；环孔材；宽度均匀。早材管孔中至甚大，肉眼下明显至甚明显；数多，密集，连续排列成早材带，带宽2～4列管孔；侵填体丰富；早材至晚材急变。晚材管孔略少；通常甚小至略小；斜列或弦列成短波浪形。轴向薄壁组织量少；环管状。木射线少至中；极细至略细；径切面上有射线斑纹。

（2）木材微观构造

导管在早材带横切面为卵圆形及圆形，壁薄；侵填体丰富；在晚材带横切面上为圆形及卵圆形；单管孔，少数为短径列复管孔（2个）；斜列或弦列成波浪形；壁薄至厚；螺纹加厚缺如；单穿孔，卵圆形，间或复穿孔，呈梯状，横隔窄至宽，少（1～4条）。管间纹孔式互列，圆形；射线导管间纹孔式大圆形，刻痕状及类似管间纹孔式；轴向薄壁组织环管状、星散状，在晚材带外部似翼状与聚翼状，具油细胞。木纤维壁厚。木射线非叠生，每毫米3～7根；单列射线甚少，高1～8个细胞；多列射线宽2～3细胞、高3～39细胞，多数10～20细胞；同一射线有时出现2次多列部分。射线组织异形Ⅲ及Ⅱ型。直立或方形细胞比横卧细胞略高；油细胞甚多。

（1）横切面 　　　　　　　（2）径切面 　　　　　　　（3）弦切面

图1 木鼓显微构造三切面

（3）鉴定结论

根据上述构造特征，经与有关资料和木材标本、显微切片对照校核，所鉴定树种为樟科Lauraceae檫木属Sassafras檫木S.tsumu

2.木座

（1）木材宏观构造

生长轮明显；环孔材；宽度均匀。早材管孔中至甚大，肉眼下明显至甚明显；数多，密集，连续排列成早材带，带宽2～4列管孔；侵填体丰富；早材至晚材急变。晚材管孔略少；通常甚小至略小；斜列或弦列成短波浪形。轴向薄壁组织量少；环管状。木射线少至中；极细至略细；径切面上有射线斑纹。

（2）木材微观构造：导管在早材带横切面为卵圆形及圆形，壁薄；侵填体丰富；在晚材带横切面上为圆形及卵圆形；单管孔，少数为短径列复管孔（2个）；斜列或弦列成波浪形；壁薄至厚；螺纹加厚缺如；单穿孔，卵圆形，间或复穿孔，呈梯状，横隔窄至宽，少（1～4条）。管间纹孔式互列，圆形；射线导管间纹孔式大圆形，刻痕状及类似管间纹孔式；轴向薄壁组织环管状、星散状，在晚材带外部似翼状与聚翼状，具油细胞。木纤维壁厚。木射线非叠生，每毫米3～7根；单列射线甚少，高1～8个细胞；多列射线宽2～3细胞，高3～39细胞，多数10～20细胞；同一射线有时出现2次多列部分。射线组织异形Ⅲ及Ⅱ型。直立或方形细胞比横卧细胞略高；油细胞甚多。

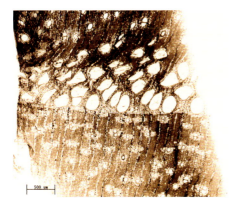  

| （1）横切面 | （2）径切面 | （3）弦切面 |

图2 木座显微构造三切面

（3）鉴定结论

根据上述构造特征，经与有关资料和木材标本、显微切片对照校核，所鉴定树种为樟科Lauraceae檫木属Sassafras檫木S.tsumu

3.车衡车轵

（1）木材宏观构造

生长轮明显；环孔材；宽度均匀。早材管孔中至甚大，肉眼下明显至甚明显；数多，密集，连续排列成早材带，带宽2～4列管孔；侵填体丰富；早材至晚材急变。晚材管孔略少；通常甚小至略小；斜列或弦列成短波浪形。轴向薄壁组织量少；环管状。木射线少至中；极细至略细；径切面上有射线斑纹。

（2）木材微观构造

导管在早材带横切面为卵圆形及圆形，壁薄；侵填体丰富；在晚材带横切面上为圆形及卵圆形；单管孔，少数为短径列复管孔（2个）；斜列或弦列成波浪形；壁薄至厚；螺纹加厚缺如；单穿孔，卵圆形，间或复穿孔，呈梯状，横隔窄至宽，少（1～4条）。管间纹孔式互列，圆形；射线导管间纹孔式大圆形，刻痕状及类似管间纹孔式；轴向薄壁组织环管状、星散状，在晚材带外部似翼状与聚翼状，具油细胞。木纤维壁厚。木射线非叠生，每毫米3～7根；单列射线甚少，高1～8个细胞；多列射线宽2～3细胞、高3～39细胞，多数10～20细胞；同一射线有时出现2次多列部分。射线组织异形Ⅲ及Ⅱ型。直立或方形细胞比横卧细胞略高；油细胞甚多。

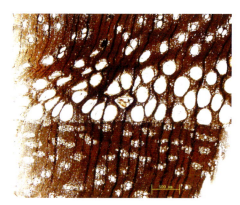  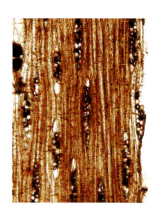

（1）横切面　　　　　　　　　（2）径切面　　　　　　　　　（3）弦切面

图3车衡车轵显微构造三切面

（3）鉴定结论

根据上述构造特征，经与有关资料和木材标本、显微切片对照校核，所鉴定树种为樟科Lauraceae檫木属Sassafras檫木S.tsumu

4.编钟木架

（1）木材宏观构造

生长轮明显，宽度不均匀，常呈波浪形，轮间介以深色晚材带；早材占全轮绝大部分或与晚材带等宽；早材至晚材渐变；木射线数目中等；极细至甚细；树脂道缺如。

（2）木材微观构造

早材管胞横切面为不规则多边形及方形；径壁聚缘纹孔1列，圆形及卵圆形。晚材管胞横切面为长方形及方形；径壁聚缘纹孔1列，圆形。螺纹加厚颇明显，分布于整个生长轮管胞壁上，常在纹孔上下方成对排列。轴向薄壁组织缺如。木射线：射线通常单列，高1～23个细胞或以上，多数2～12个细胞。射线薄壁细胞与早材管胞间交叉场纹孔式为柏木型。

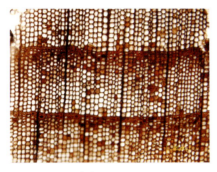 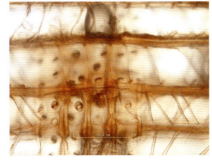 

（1）横切面　　　　　　　　（2）径切面　　　　　　　　（3）弦切面

图4　编钟木架显微构造三切面

（3）鉴定结论

根据上述构造特征，经与有关资料和木材标本、显微切片对照校核，所鉴定树种为红豆杉科Taxaceae榧属的树种Torreya sp.

5.车轮木材

（1）木材宏观构造

散孔材；略呈半散孔，生长轮略明显，宽度不太均匀。管孔略少；略小至中，大小略一致，分布略均匀。径列；轴向薄壁组织呈细弦线及傍管状。木射线密至甚密，极细至略宽，径面射线斑纹可见。

（2）木材微观构造

导管横切面为圆形及椭圆形。单管孔及短径列复管孔（2～3个），壁薄；单穿孔，卵圆形。管间纹孔式互列，多角形。侵填体少，射线导管间纹孔类似管间纹孔。轴向薄壁组织量多；星散聚合状及短离管带状，并呈环管状，树胶常见，晶体未见；木纤维壁薄，具缘纹孔明显，圆形；木射线非叠生，单列射线高1～30个细胞，多列射线宽2～4细胞，高多数15～30细胞；射线组织异Ⅰ及异Ⅱ型，射线细胞内具菱形晶体。

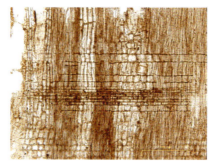

| （1）横切面 | （2）径切面 | （3）弦切面 |

图5　车轮木材显微构造三切面

（3）鉴定结论

根据上述构造特征，经与有关资料和木材标本、微显切片对照校核，所鉴定树种为大戟科Euphorbiaceae野桐属Mallotus spp.的木材。

6.车轴木材

（1）木材宏观构造

散孔材；略呈半散孔，生长轮略明显，宽度不太均匀。管孔略少；略小至中，大小略一致，分布略均匀。径列；轴向薄壁组织呈细弦线及傍管状。木射线密至甚密，极细至略宽，径面射线斑纹可见。

（2）木材微观构造

导管横切面为圆形及椭圆形。单管孔及短径列复管孔（2～3个），壁薄；

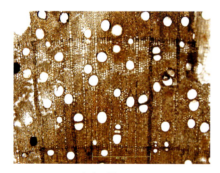

| （1）横切面 | （2）径切面 | （3）弦切面 |

图6　车轴木材显微构造三切面

单穿孔，卵圆形。管间纹孔式互列，多角形。侵填体少，射线导管间纹孔类似管间纹孔。轴向薄壁组织量多；星散聚合状及短离管带状，并呈环管状，树胶常见，晶体未见；木纤维壁薄，具缘纹孔明显，圆形；木射线非叠生，单列射线高

1～30个细胞，多列射线宽2～4细胞，高多数15～30细胞；射线组织异Ⅰ及异Ⅱ型，射线细胞内具菱形晶体。

（3）鉴定结论

根据上述构造特征，经与有关资料和木材标本、微显切片对照校核，所鉴定树种为大戟科Euphorbiaceae野桐属Mallotus spp.的木材。

7.棺盖雕花板

（1）木材宏观构造

生长轮明显，宽度均匀，轮间介以深色带。散孔材，管孔略少，略小至中；散生或斜列；具侵填体。轴向薄壁组织量少；傍管型；木射线数目中等；极细至略细；径切面上射线斑纹可见。

（2）木材微观构造

导管横切面为圆形及卵圆形。单管孔及短径列复管孔（2～3个），管孔团常见；散生或斜列；壁薄；螺纹加厚缺如；单穿孔，少数复穿孔梯状，具分枝，横

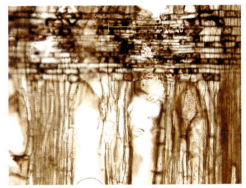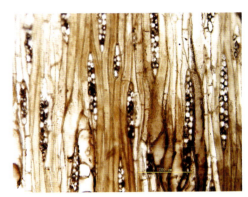

| （1）横切面 | （2）径切面 | （3）弦切面 |

图7 棺盖雕花板显微构造三切面

隔窄，少至中（10条）。管间纹孔式互列，多角形；射线导管间纹孔式刻痕状，部分类似管间纹孔式；轴向薄壁组织量少；环管状、星散状；油细胞甚多。木纤维壁薄；具分隔木纤维；木射线非叠生，每毫米5～10根；单列射线极少，高2～7个细胞；多列射线宽2～3细胞，高3～35细胞，多数10～20细胞；同一射线间或出现2次多列部分；射线组织异Ⅲ型及异Ⅱ型。油细胞数多。

（3）鉴定结论

根据上述构造特征，经与有关资料和木材标本、显微切片对照校核，所鉴定树种为樟科Lauraceae桢楠属Phoebe sp.，木材商品名称为楠木。

8.车板木材

（1）木材宏观构造

环孔材，生长轮明显，宽度均匀或不均匀；早材管孔中至甚大；连续排列成明显早材带，宽数列管孔；侵填体常见；早材至晚材急变。晚材管孔略少，甚小至中等大小，斜列或弦列。轴向薄壁组织较少；傍管状，在生长轮末端常与管孔相连呈弦线。木射线少至中；极细至中，径切面上射线斑纹明显。

（2）木材微观构造

管孔在早材带为卵圆及圆形；在晚材带横切面上为圆及卵圆形；管孔团，少数为单管孔及径列复管孔(2～5个)；斜列及弦列。管间纹孔式通常互列，圆形至卵圆形。单穿孔；射线－导管间纹孔式类似管间纹孔式，及部分大圆形与刻痕状。侵填体丰富，壁薄，轴向薄壁组织量少；环管束状及环管状，在晚材带外部形成断续宽弦带；木纤维壁薄；木射线单列射线甚少，高1～6个细胞，多列射线宽2～5个细胞、高3～24个细胞，射线组织异Ⅲ型与同形单列及多列。

（3）鉴定结论

根据上述构造特征，经与有关资料和木材标本、显微切片对照校核，所鉴定树种为紫葳科Bignoniaceae梓树属的树种Catalpa sp.。

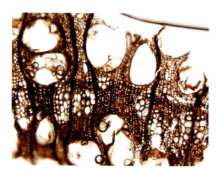 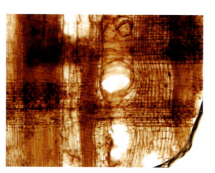 

| （1）横切面 | （2）径切面 | （3）弦切面 |

图8　车板木材显微构造三切面

附录三

南京林业大学木材工业学院
木材鉴定报告

受江苏省淮安市博物馆委托，对2004年7月在淮安运河村战国墓出土的鼓车和墓葬中棺、椁等用材进行树种鉴定。

一　取样情况

2009年3月27～28日，我院派潘彪、骆嘉言两位教授，在淮安市博物馆库房对已作脱水保护处理的战国鼓车部件和墓葬中棺、椁进行了取样，共取样21个，详见表1。

二　样品处理和鉴定方法

由于样品已进行了脱水保护处理，木材内部已填充了乳糖等有机物，先对样品作填充物溶出处理，然后进行显微切片，在OLYMPUS-BX51研究显微镜下观察，记录各样品的构造特征、显微照相。再与我院木材标本室模式标本、模式切片作对比，并与有关资料对照，得出鉴定结果。

表1　淮安运河村战国墓出土木材样品和鉴定结果

序号	样品取样部位	鉴定结果		
		树种科名和属名	树种学名	树种中文名及俗称
1	车辐	壳斗科栎木属麻栎组	Quercus sp.（Quercus sect. Cerris）	麻栎、栎树、橡树
2	车毂	蝶形花科槐树属	Sophora sp.	槐树、槐花树
3	车毂上销子	蝶形花科黄檀属	Dalbergia hupeana	黄檀、檀树
4	轮牙	桑科	Morus sp.	桑树
5	轮牙上的辐条（辐条插入轮牙部分）	榆科青檀属	Pteroceltis tartarinowii	青檀、檀树、榆树、翼朴

续表

序号	样品取样部位	鉴定结果		
		树种科名和属名	树种学名	树种中文名及俗称
6	车轴	榆科青檀属	Pteroceltis tartarinowii	青檀、檀树、榆树、翼朴
7	车辋	榆科青檀属	Pteroceltis tartarinowii	青檀、檀树、榆树、翼朴
8	车轸	榆科青檀属	Pteroceltis tartarinowii	青檀、檀树、榆树、翼朴
9	车栏	桑科	Morus sp.	桑树
10	鼓	樟科檫木属	Sassafras tzumu	檫树
11	鼓座	樟科樟木属	Cinnamomum camphora	香樟、樟树、樟木
12	前轸雕花板	樟科樟木属	Cinnamomum camphora	香樟、樟树、樟木
13	轼前雕花板	樟科樟木属	Cinnamomum camphora	香樟、樟树、樟木
14	两侧雕花板之一	樟科樟木属	Cinnamomum camphora	香樟、樟树、樟木
15	车底藤床	榆科青檀属	Pteroceltis tartarinowii	青檀、檀树、榆树、翼朴
16	漆绘条	榆科榆树属	Ulmus sp.	榆树、榆木
17	三层椁（修复用的棺椁木材）	樟科桢楠属	Phoebe sp.	楠木、金丝楠
18	二层椁	樟科桢楠属	Phoebe sp.	楠木、金丝楠
19	陪葬棺	樟科桢楠属	Phoebe sp.	楠木、金丝楠
20	主棺上层	樟科桢楠属	Phoebe sp.	楠木、金丝楠
21	主棺下层	樟科桢楠属	Phoebe sp.	楠木、金丝楠

三 鉴定结果和树种介绍使用分析

本次共鉴定了21个样，其中16个为取自鼓车，5个取自墓葬的棺和椁。鉴定结果如表1所示：鼓车用材有麻栎Quercus sp.、槐树Sophora sp.、黄檀Dalbergia hupeana、青檀Pteroceltis tartarinowii、桑树Morus sp.、檫树Sassafras tzumu、香

樟Cinnamomum camphora、榆树Ulmus sp.八个树种；墓葬的棺和椁用材均为楠木Phoebe sp.。

1.麻栎Quercus sp.的木材介绍

麻栎属Quercus全世界约300种，分布在亚洲、美洲、欧洲、非洲。我国约60种，南北均有分布。麻栎属分红栎（Erythrobalanus）和白栎（Lepidobalanus）两亚属，我国仅有白栎亚属。白栎亚属在我国主要有麻栎组（Sect. Cerris）、槲栎组（Sect. Robur）、高山栎组（Sect. Suber）和鸟冈栎（也称巴东栎）组（Sect. Englerianae）四组。

根据样品的木材构造特征，所鉴定的木材为麻栎组的树种。该组木材有麻栎Quercus acutissima、栓皮栎Quercus variabilis和小叶栎Quercus chenii三种。这三种分布很广，从辽宁、河北、山西、陕西至四川、贵州、云南、广西、广东等地均有分布。三种均可分布于发掘地周围地区如浙江、江苏、安徽一带。树高可达25米、胸径达1米。木材统称麻栎。

麻栎木材硬重（气干密度约0.88~0.93g/cm³），强度大，耐冲击，富于弹性，耐腐性良好。现在主要用于坑木、木桩、电杆、枕木、船舶、车辆、桥梁，运动器械如单双杠及高低杠、跳板，以及工农具柄。农村传统上用于水车龙骨、板车、鞋楦、木桶、纺织用打梭板，也是优良的薪材或烧炭材。

2.槐树Sophora sp.的木材介绍

槐树属Sophora全世界约50种，主产东亚和北美，我国有16种。其中以槐树Sophora japonica最为常见，分布北至东北南部，西北至陕西、甘肃南部，为华北平原、黄土高原的习见树种，也常见于长江及黄河流域。树高可达25米、胸径达1.5米。有豆槐（湖南）、白槐（潮州）、细叶槐（江西）、金药槐（福建）、国槐、家槐、黑槐（山东）、槐花树等俗称。国内木材称槐木或槐树。

槐树木材纹理颇直，结构中至粗，不均匀；较硬重（气干密度约0.70~0.78g/cm³），强度中等。天然耐腐性强，抗蚁蛀，握钉力颇佳。木材是做各类桩、柱、枕木、电杆、桥梁等的好材料，也可制鼓、车梁、车底板等。农村多喜用做各种农具，如锄柄、扁担、板车、风车腿、房屋建筑、家具及燃材，是农村重要用材之一。

3.黄檀Dalbergia hupeana的木材介绍

黄檀属Dalbergia全世界约120种，广泛分布于热带及亚热带各地。我国约25种，产于淮河以南。根据黄檀属各种的分布，只有黄檀Dalbergia hupeana可分布在长江中下游及淮河流域一带，故鉴定结果确定为黄檀Dalbergia hupeana。该种主产长江流域，北可至河南、陕西秦岭北坡、山东蒙山以南，南可达福建、广东、广西，西南至四川、贵州。树高可达20米、胸径达40厘米。黄檀又称檀树（安徽、湖北、江苏）、望水檀、不知春（浙江）、白檀树等。

黄檀木材纹理斜；结构细至中，均匀；木材重硬（气干密度约0.87~0.92g/

cm^3）；强度高，抗冲击，富于弹性；稍耐腐，有虫蛀危害；切削稍难，但切面光滑，尤适于车旋；握钉力强。

木材用作车轴、车辐、车轮、工具柄、刨架，其他农具如犁、牛轭、扁担、木梭、打梭棒、算盘珠、算盘框架、鞋跟、鞋楦、擀面杖、秤杆等。

4.青檀Pteroceltis tartarinowii的木材介绍

青檀属Pteroceltis为我国特产，仅青檀Pteroceltis tartarinowii一种，还有一变种，即毛果青檀（分布广西、贵州）。青檀分布广，自西北、华北至西南、华东，及中南地区。可产于江苏、安徽、山东、河南、湖北等发掘地的周围地区。树高可达25米、胸径达1.7米。

青檀有檀树（河北）、榆树（安徽）、翼朴（河北、广西）、青藤（陕西、甘肃）等俗称。木材较硬重（气干密度约0.81g/cm^3），质硬、细致、弹性大、耐冲击、握钉力强，强度高、冲击韧性甚高。但耐腐性不强。

木材很适于作工农具柄、各类农具和运动器材、车工材料等。适宜作车舟、建筑的搁栅、柱子、地板、扶手等。

5.桑树Morus sp．的木材介绍

桑树属Morus全世界约12种，分布在北半球的温带及亚热带地区。我国有9种。以桑树Morus alba为常见，各地均有栽培。现分布于从辽宁、吉林至广东，西南的云南、贵州、四川至东部的浙江、江苏、山东等。树高可达15米、胸径达50厘米。

桑树有家桑（河南）、白桑（山东、广东）、山桑树（浙江）、黄桑（扬州）、桑白树、大桑叶皮、山桑条、谷皮树、大皮树（安徽）等俗称。桑树木材略硬重（气干密度约0.67g/cm^3），质硬、结构中等、不均匀、强度也较大、耐久性强、握钉力强，弹性和耐冲击、韧性较高。

木材适于作篱桩、木桩、坑木、房柱，各种工农具柄和多种农具、砧板，也适于作运动器材如球棍、制弓、车旋制品、雕刻材料。

6.檫树Sassafras tzumu的木材介绍

檫树属Sassafras全世界共3种，一种分布在北美，一种分布在台湾。根据地理分布，取样鉴定的树种确定为檫树Sassafras tzumu。檫树分布在我国长江流域以南的广大地区，从江苏、安徽、湖北、湖南至四川、贵州、广东、广西、福建、浙江，是常见的用材树种。树高可达35米、胸径达2米。

檫树有樟树（湖南）、落叶樟、高山樟（江西）、梓树、梓木（湖南、湖北、江西、南京）、功劳树、檫树、泡桐、青檫（安徽）、山檫、南树（浙江）等称呼。

檫树木材纹理直、结构粗、不均匀，重量轻至中等（气干密度约0.53～0.58g/cm^3），硬度软至中等，强度也低至中等，冲击韧性也不高。但木材耐腐、耐水湿。

木材是优良的造船材，还适于家具、木床、建房用材（如房架、柱子、搁栅、门窗）、车辆的车厢用材。农具方面适于做水车车厢、车叶、木桶、篱桩等。

7. 香樟Cinnamomum camphora的木材介绍

樟属Cinnamomum全世界约250种，我国约46种。樟属木材材性差异较大，在我国以香樟最为著名。所鉴定的样木，从木材构造特征上可以确定为香樟Cinnamomum camphora。香樟是我国长江流域以南广大地区重要的用材树种。分布于江苏、安徽、湖北、湖南至四川、贵州、广东、广西、福建、浙江，再至台湾、日本等地。树高可达40米、胸径可达4米甚至更粗。

香樟有樟木、樟树、小叶樟、红心樟等称呼。

香樟木材纹理交错不直，结构细而均匀，重量轻至中等（气干密度约0.53～0.58g/cm³），硬度软至中等，强度和冲击韧性中等。木材耐腐、耐虫害和水湿。

木材适于造船、车辆、房屋建筑、木桩、农具（如水车车叶、风车、板车车辆）、棺椁等，还是农村著名的家具用材，尤其适于制作衣箱、衣柜。还适于雕刻、车工和乐器用材等。

8. 榆树Ulmus sp. 的木材介绍

榆树属Ulmus全世界约40种，我国有23种。分布在美洲、欧洲和亚洲的温带至亚热带地区。榆树在我国南北均有分布，从东北、华北、西北至西南、华南、华东及中南地区。产于江苏、安徽、山东、浙江一带常见的有白榆（Ulmus pumila）、榔榆（Ulmus parviflora）两个树种。树高可达25米、胸径达1米。

榆树还有铁树（福建、安徽）、翘皮榆（扬州）、家榆等俗称。

白榆、榔榆的木材较硬重（气干密度约0.69～0.89g/cm³），尤其榔榆的重量、硬度、强度比一般榆木要大。总体来说，榆树木材纹理直、结构中等、不均匀。重量中等至略重、强度中等至略大。

木材主要用于家具、房屋建筑各部件。榔榆还适于做工农具柄、板车、犁、耙、木桩、篱桩、坑木、车架、车箱等。

9. 楠木Phoebe sp. 的木材介绍

楠木属Phoebe全世界约94种，分布在亚洲的热带和亚热带；我国约34种，分布在长江流域以南，尤其西南地区。常见而著名的种有产于成都平原及贵州的桢楠（Phoebe zhennan），华东和中南地区的紫楠（Phoebe sheareri）。木材统称为楠木，是我国著名的良材和工业用材。所鉴定的样木，从木材构造特征和地理分布看，可能为紫楠（Phoebe sheareri）。

紫楠分布在长江流域以南各地，如江苏、安徽、浙江、福建、江西、广东、广西、湖南、四川。树高可达40米、胸径可达1米。

紫楠有楠木、金丝楠、紫金楠、黄心果等称呼。

楠木纹理斜或交错、结构细而均匀，重量中等（气干密度约 $0.61\sim0.65\mathrm{g/cm^3}$），硬度中等，强度和冲击韧性中等。木材尺寸稳定，耐腐性好，加工性能好。

木材深受群众喜爱，评价颇高。是高级家具（如木床、橱、柜、桌、椅）、地板、木雕、车工、漆器木胎、文具、仪器箱盒、乐器（钢琴壳、古筝、古琴）用材，也是著名的建筑、室内装修用材，如柱子、房架、门窗。还适于造船、车辆用材。做棺木用材在扬州高邮神居山二号汉墓中就有大量应用。

四 淮安运河村战国墓葬中鼓车和棺、椁用材分析

鼓车所用树种较杂，达8种之多，一方面表明当时制作时周围环境中可获得的木材树种丰富，另一方面（即使从现代对制车要求来分析），鼓车不同部件选用不同树种也是合理的。因为车的不同部件受力差异很大，特别是车轴、车辐、车毂、轮牙等受力大，要求木材硬重，特别是能经受冲击，抗震性好。这些木材的树种选用非常合理，表明当时制车人对木材的性能了解和鼓车不同部件的受力状态掌握了较高的技术。

从树种的地理分布来说，8个树种中除香樟外在淮安及周边地区均可分布。但香樟的自然分布离淮安也不远，略向南，在江苏、安徽的长江周边及以南地区即可广泛生长。表明鼓车制造地或木材的来源应该在淮安周围不远的地区。

棺椁用材楠木自然分布于江苏南部及以南地区，表明棺椁为外地制作或用材从南部地区收集而来。但均采用楠木，表明在当时楠木作为墓葬的棺、椁用材已经有相当的知名度，比汉代将楠木作为高规格的墓葬棺椁用材（如扬州高邮神居山二号汉墓）更早了数百年。

鉴定单位：南京林业大学木材工业学院
鉴 定 人：潘　彪　教授
　　　　　骆嘉言　副教授
2009年5月15日

附录四

淮安运河村战国墓出土鼓车
髹漆鉴定结果

一　分析仪器

1.日本NikonSMZ1500体式显微镜。工作电压220V，工作电流0.4A；

2.美国Nicolet8700傅立叶红外光谱仪。采用衰减全反射红外光谱法（ATR-FTIR），显微镜（FTIR Microscope）为Nicolet Continuμm型，分辨率为4厘米，扫描次数为512次；

3.法国JY公司LABRAM-HR型激光显微镜聚焦拉曼光谱仪。激发光为氩离子激光器514.5nm线，样品上功率为1，物镜为50×，光斑尺寸约为1μm，信息采集时间为10~60秒，光谱范围80~1000厘米；

4.日本岛津公司（型号为XFR-1800）X荧光分析仪，端窗铑（Rh）靶，工作管压40kV，管流为95mA，X光聚焦直径为30μm，真空光路，扫描元素范围4Be-92U；

5.日本理学公司D/MAX-RA型转靶X射线衍射仪（XRD）。衍射角扫描范围（2θ）为10°~70°，工作电压和电流分别为40kV，100mA，量程为2000Counts/s。

二　分析结果：

1.经红外光谱及其他测定，彩绘条褐色面漆膜、建鼓漆膜、车轮漆膜，成膜材料一致，均为我国传统的大漆（自然漆）。

2.通过镜观、切片及相关分析，辐条和车轮黑漆，工艺相同：先上漆灰层，然后髹制黑漆层。在髹制黑漆层时，经过多次上漆。

彩绘藤条漆分为三层。外层为红色彩绘层，颜色鲜艳，呈猩红色；中间层为黑色底漆层；内为漆灰层。观察表明，彩绘藤条正面的髹漆工序应分为三步：首先上漆灰层，再髹黑色底层漆，然后在黑色底层漆上采用线描技法绘制红色纹饰。

3.显微镜观各样品漆膜，表面皆分布均匀的白色颗状物。XRD显示这些白色颗状物中存在大量SiO颗粒，即石英。XRF测试结果显示Si元素质量分数在待测元素中占到4%，说明漆膜中存在的石英，不是掺杂物，而是人为添加。

4.用微区拉曼光谱测试彩绘条红色区域的添加物物相，结果显示在250cm-1和346cm-1附近出现了两个尖锐的峰。而此峰属于α-HgS(cinnabar)的吸收峰，说明红色颜料是辰砂，即朱砂。

中国科技大学科技考古实验室

编 后 记

  运河村战国墓木雕鼓车保护与修复是我馆继高庄战国墓青铜器修复保护之后再次完成的国家重点文物保护项目。作为地市级基层博物馆能圆满完成如此艰巨的任务实属不易。回顾这六年的探索之路，我们深深感到文物修复工作是一项艰难而系统的考古工程，一切科研工作都必须建立在理论与实践不断融合的基础上。跨入21世纪，淮安市博物馆以科学发展观为指导思想，树立文物保护课题意识，在国家文物局及省市文物局的大力支持下，抓住机遇，勇于创新。在这六年的时间里，我们克服了资料短缺和技术人员不足的困难，发扬勇攀高峰的科研精神，连续攻克了高庄青铜器与运河村木雕鼓车两项重要文物修复保护的技术难题，取得了并蒂花开、双喜临门的历史业绩。

  在木雕鼓车保护与修复的全部过程中，南京博物院原副院长、著名文物保护专家奚三彩先生，自始至终进行技术指导、学术把关，为确保该项目的顺利完成竭尽全力。王厚宇、赵海涛是此次木雕鼓车保护与修复的主要科技人员，他们潜心研究、反复琢磨，为木雕鼓车的复原付出了许多辛劳，功不可没。唐刚师傅是淮安籍民间能工巧匠，他持续三年时间参与木雕鼓车的修复、复制、组装等工作，灵活巧妙地运用木工制作原理，积极配合科技人员解决了鼓车形制、建鼓安装、构件修复、木雕补配等疑难问题，为木雕鼓车的保护修复立下了汗马功劳。在此，我们还要衷心感谢中国社会科学院考古研究所张长寿先生，中国文化遗产研究院胡继高、张廷皓、马清林先生，国家博物馆朱凤瀚、潘璐先生，陕西秦始皇兵马俑博物馆袁仲一、朱思红先生，太原市文物考古研究所渠川福先生，南京博物院万俐、王金潮、张金萍等先生，上述专家学者都为运河村木雕鼓车的复原研究与保护修复提出了许多宝贵的意见，为抢救与传承历史文化遗产贡献了智慧和力量。

　　编纂《淮安运河村战国墓木雕鼓车保护与修复报告》是我馆列为2014年目标责任主要工作之一。该书详细地记述了保护与修复木雕鼓车的全部过程，反复论证了鼓车构件的组合形制，总结了复原古代马车的科技经验。资料主要来源于课题组主笔人王厚宇、赵海涛编写的淮安运河村战国墓出土马车《保护和修复方案》、《复原研究》、《验收报告》等相关材料。尹增淮、赵海涛在此基础上进行了全面的增删编辑、补充章节、完善条目，力求使其成为一本内容翔实、资料全面、参考性强的文物保护论著。由于我们专业技术水平有限，疏漏与错误之处一定不少，敬请各方同仁与广大读者批评指正！

编　者

2014年5月1日